献给父母和我们的过去

赵宏琴，教育文化学者，2007年获得英国巴斯大学（THE UNIVERSITY OF BATH）博士学位，现任职于浙江大学，主要从事文化叙事与英语写作方面的教学和研究工作。已出版《发展关于教师的专业知识》与《没有故事的佼佼者》等著作。

主人翁意识：

孩子的创造源泉

赵宏琴◎著

教育科学出版社
·北 京·

序 言

　　孩子的创造力开发在本土环境里是一个重要的话题。一方面，本土文化环境下，人们对它缺乏理论认识与实践研究，尤其缺乏系统性的观察与思考；另一方面，人们也感性地认识到现在的教育体制确实没能充分开发孩子的创造潜力，无论是家长还是教师对此都感到有些无奈。

　　孩子创造力开发这个问题是我在高校科研中的一个兴趣领域。近年来，我从文化角度，对中国教育的创造力问题提出过质询，发出了"中国教育失去创造力了吗"这样的疑问。我发现教育创造力既是个社会问题，也是一个文化问题，可以说，它是一个社会文化问题。也就是说，一个社会的各种关系与该社会的传统文化价值观念都对其教育创造力的发挥以及孩子创造力的发展有很大的影响。因此，孩子的创造力开发是一个系统问题，也是我们常说的体制问题。这样的一个综合性问题需要我们走出现有的模式来观察，或超越现有的思维体系来思考。比如，一个社会里的家长与孩子，以及这个国家的教育管理者、教师与孩子等各方如何相互作用，他们之间产生什么样的相互关系，都与孩子学什么、如何学习有密切联系，这些对是否能帮助孩子发展他的创造力有很大关系。而这些关系往往是由一个社会的价值观来决定的。这意味着，我们认为什么重要，就会确立什么样的教育方向与目标。当我们认为孩子的创造力很重要时，我们的教育目标才会是发展具有创造力的人。这样，孩子才有创造力，国家才有创造力。

对于创造力这个问题的认识，是我从最初研究我国环境下的英语作为外语的学习开始的，之后到教育环境下如何应用信息技术提升外语教学，再到我对教师的教育观念与教育行为的研究中，我都发现，一个社会的文化价值观念对孩子学习与教师教学有着根深蒂固的影响，而且这种文化观念对教育方式的影响是一种潜移默化的作用，不容易轻易察觉。可以说，落后的文化价值观就会导致落后的教育方式，从而出现教育创造力不足这样的现代问题。比如，我们常见的落后教育方式就有学习就是背书、上课就是听讲、升学就得考试等。这些教育方式在现代社会里已表现出很大的局限。这些局限无不与我们的教育环境缺乏真实对话与沟通，没能充分重视孩子独立思考，不鼓励孩子有创造性表现等文化观念有关。由于发展孩子创造力是一个非常现代化的诉求与教育目标，很不容易从传统的教育文化观念中发展出来，因此，我们必须及时建立现代化的教育文化理念来充分研究与找到开发孩子创造力的理论与实践路径。

近几年来，我在杭州市一个幼教集团下的几个幼儿园里主持开展了一个题为"学前儿童语言交际能力发展与创造力开发"的研究项目。

这个研究把我想在本土教育环境下认识与开发儿童创造力，以及思考基础教育与高等教育如何发展学生创造力的愿景变成了现实。在历时三年多的时间里，我和我的研究团队长时间深入到孩子世界的一角——幼儿园，在他们发展与生活的空间里做了各方面的培训、调查与研究。项目内容主要包括教师发展讲座，为家长举办的国际高峰论坛，以及幼儿园日常化的深度调研与指导。这为本书采集了一定的素材，使我从高等教育的研究角度对本土的学前教育有了一个全面与充分的认识。在研究过程中我发现，随着社会的稳定发展，我国学前教育、基础教育与高等教育都有了很深入的改革与创新，出现了一些有创造性表现的教育现象，这为我们探索本土环境下的创造力开发提供了必要的原创基础。

本书的基本内容以这个研究实践为基础，为我们的本土教育发展与儿童创造力开发打开一个重要渠道，也为我们发展原生态本土创造力理论提供实践土壤。此外，本书也为探索我国教育，尤其是学前教育中孩子创造力的开发提出了一些理论与实践知识。在我国社会进一步发展与全面开启教育创新之际，本书将为我国的政策与实践当事人，为教育政策制定者与研究者、教师、学生以及家长提供认识创造力与开发孩子创造潜力的基本语言与视角。

本书主要有七章内容，第一章阐述文化价值观念与创造力之间的关系，以教育为例，分析了国家创造力危机的文化根源，提出我们的教育需要确立新的教育价值观念。中间的各章，分别从调研中采集的信息来看孩子与教师在有创造性表现事件中的行为与话语特征，父母育儿的亲子关系，最有创造力课堂机制的生成，孩子识字与阅读的认知特点，以及从儿童跨文化沟通看教育信任关系。最后一章，综述关于现代的价值观里创造性教育关系的特点。希望这些研究分析能为建设新的教育信任关系与发展创造力话语系统做些基础的探索。

赵宏琴

2015 年 6 月

目 录

第一章

文化视角下的教育创造力问题

　　孩子的健康成长和教育问题不仅是一个家庭的事情，也是一项需要整个社会共同来进行的工作。孩子的创造力发展不仅是家庭教育的目标，也是学校教育的主要任务，是国家教育发展与个人成长的重要方向，更是一个包含很多综合元素的教育问题。

　　如果把孩子创造力开发这样的问题当成一个单纯的教育问题，直接从传统教育教学角度来看我们的本土教育，那就只能直观看见我们教育的优势与局限，而不容易看到当下存在的创造力问题。比如，在新中国成立后，尤其是改革开放以来，我国教育的就学率与升学率都得到飞速发展，教师素质得到了一定提升，中小学与大学的硬件都有所改善，课程建设不断推进，基础教育的国际合作不断增加，高等教育建设国际一流大学的目标也在逐渐实现，这些都是我国近几十年来艰难取得的教育成就。但是，这些发展还没有彻底改变一些明显的教育落后现象，或者说，当前的教育发展还不足以全面解决一些顽固的老问题。比如，以背代学或以考代学的学习方式，缺乏真实沟通的课堂教学，以及体制性的比赛与竞争式的激励方式等教育问题。这些问题只靠发展硬件与增添设备无法彻底解决，上述虽是看似司空见惯的教育现象，但在基础教育中却会衍生出严重的社会后果，用现代话语来表述就是：孩子们的创造意识薄弱，缺乏有意义的存在感，以及国家创造力不足等新的现实问题。这些问题可以说是我国现代社会中教育创造力不足的综合表现，直接影响我们国家以及个人在当今全球环境下的生存与可持续发展。

学界跨学科的发展为我们从不同的角度，利用新的资源来分析与解决这些教育教学问题提供了突破性的进展。我国科学家钱学森先生曾通过"钱学森之问"明确指出我国科技创新力量不足与教育没有建立创新人才培养模式之间的关系。2005 年，当时的总理温家宝在看望病中的钱学森先生的时候，钱老在病床上提出了著名的"钱学森之问"。钱学森先生明确提出的"为什么我们的学校总是培养不出杰出人才？"这个问题，曾引起了社会各界热烈的讨论。当时钱老感慨地对温总理说，我国这么多年培养的学生，还没有哪一个的学术成就，能够跟民国时期培养的大师相比。他认为：现在中国没有完全发展起来，一个重要原因是没有一所大学能够按照培养科学技术发明创造人才的模式去办学，没有自己独特的创新的东西，老是"冒"不出杰出人才。这个著名的"钱学森之问"是中国教育创造力发展的一道艰深的难题。钱老看到创造型人才培养与国家科技创新发展息息相关，这是关系到教育人才培养体制与国家科技创造力的问题，需要整个教育界乃至社会各界来共同破解。

近些年，本人从不同角度对我国教育发展以及孩子创造力开发的问题进行了研究与分析。2012 年，应美国布朗大学邀请做学术演讲之际，通过题为"儒家文化里教育失去创造力了吗？"的讲座（赵宏琴，2015），本人指出了我国教育出现创造力危机的警示。本次讲座中，我同时指出这种教育创造力危机实际上就是国家创造力危机的表现，并且用三个指标性的现象论证了我国存在创造力危机的问题。

第一个说明我国创造力危机现象的是我国科学界获得诺贝尔奖的情况与原始创新的问题。早在 20 世纪 90 年代，中国科学院院长路甬祥先生（2000）就指出，在现代科学领域中，我国科学界，没有一个本土培养的科学家获得诺贝尔奖（2012 年，莫言先生获得诺贝尔文学奖，2015 年，屠呦呦女士获得诺贝尔生理学奖，已经实现零的突破）。路甬祥先生所说的这个事实，当时如果只从自然科学的角度来看，还是成立的。当时，路甬祥先生从历年获得诺贝尔科学奖的科学创新来看科学发明的规律，想从中找到能促进中国科技原始创新的启示时提出了这个问题，一时引起学界对我国科学原始创新不足现象的关注与反思，也引起了科学界关于自主创新问题的激烈讨论。虽然，路甬祥先生并不主张以诺贝尔科学奖为目标来发展我国的科学研究，但是，这在国内激起了人们对我国现代科学领域原始创新的危机感。人们开始思考由于原创不足，中国对现代科学知识与技术贡献不大的事实，也引起了我国对自主创新人才培养的讨论。

第二个说明我国创造力危机现象的是本人自身长期的工作观察。我发现，正值上大学之际的青少年，在大学入学之际，很少有人愿意学习及从事需要创造力的专业与职业。曾经连续三年，由于工作的原因，我随学校同事去各地中学为高校招生面试。面试中，我们通常会问高中即将毕业的孩子们想学什么专业，未来的职业打算等问题。我们注意到，这几年时间，在全国范围内，在面试过的几百名青少年中，很少有人愿意成为科学家、艺术家或作家这些知识与创造力密集型的学业与行业，以及选择需要孩子具有强大创造潜力的职业。孩子们在大学入学这样的重要时期，大多都想学习经济与金融等社会上热门的专业。这些即将踏进高等学府的青少年，作为我国知识文化与科技创新的未来力量，如果他们没有科学与创造力追求的话，我国的创造力危机在短时期内化解的可能性还不大。

第三个就是我国的知识文化消费市场小与知识消费力还不够大的现象。这意味着知识与技术创新实力还较弱，与国民强大的物质消费力相比，我国在较长时间内，可能还会继续采用以消耗大量不可再生自然资源的制造型为主的生产模式，创造型经济与生产模式还没初具规模。创造型生产方式是通过创造新知识理念与发展新的科学技术来增加有限自然资源的价值，或创造发明出新资源的生产活动。如果一个国家或社会以创造性生产方式为主的话，就可以形成创造型的经济结构或模式。我国经济结构的调整实际上就是改变现在以制造型经济为主的经济模式，发展创造型经济模式。但是，如果社会知识消费不足，或知识产品市场太小的话，很不利于知识与技术的快速发展，也不利于创造型经济结构的形成。现在，我国经济结构的转型亟待消费行为与市场的转型，人们的消费习惯有待从物质消费转向以知识与技术结构为主的文化消费。如果人们从单纯消费工业产品，比如，汽车、房子、名牌服装、化妆品等物质，改变到多消费一些知识文化产品，比如，图书、电影或艺术品的话，就可以扩大或形成知识消费市场，促成知识经济的形成。因此，本质上来说，现在经济结构转型还需要社会消费习惯的改变，即当一个社会从物质消费向知识消费改变时，一定程度上才有利于社会的创造力发展。这种消费习惯的改变，有助于解决制造型经济衍生出的很多社会问题，比如不可再生资源消耗大，环境污染重，以消费物质为主的消费市场等。这些社会问题都需要通过创造新的知识理念与新的科学技术来解决。比如，人们需要用创造力发展出新的知识价值观念，建立不消耗或少消耗不可再生资源，以及不污染环境的新的生产方式等。然而，我国当下的消费市场还是以物质消费为主，经济行为仍然以制造方式为主。知识市场与知识消费力小这样的现状很不利于创造力的发挥，也不利于创造新的知识与科学技术。当然，这不是只有中国才有的现象，这个问题在很多国家都不同程度地存在。总之，这样的经济情形很不利于知识发展与科学创新，这样的经济环境也不利于创造力的发展。

以上从科学、教育以及经济领域看到的这些司空见惯的社会现象，都显示出我国社会存在创造力不足的问题，出现了明显的创造力危机。以上论证表明，创造力危机不单纯是教育创造力不足和科学技术领域缺乏原始创新的问题，创造力薄弱还有其经济落后模式的根源，物质消费激励下的制造型经济无法促进思想精神等层面的价值生成也是重要的原因。可以说，创造力危机问题是各个领域共同表现出来的一个综合性问题。同时，它也会引起我国进一步全面发展所需的综合动力不足的问题。因此，国家社会转型与全面发展亟须解决此问题，即大力发展创造力来提高国家的综合实力以保障全面可持续发展所需的动力。这就为社会各界提出了一个新的课题，即如何解决创造力危机或如何发展创造力。

如果用马克思理论中生产力与生产关系视角来看社会的现代化发展，我们不难理解一个国家的经济与社会转型进步都需要通过创造力创造新理念，需要知识与科学技术来进入新的发展方向与发展阶段。简单来说，现在说的创造力就是新时期发展所需的新的生产力，或者说，构成新的生产力的基本成分主要是创造力，它是我国发展新型创造型经济与社会转型的关键动力，也是我国全面可持续发展的重要力量，发展创造力实际上就是发展新的生产力。创造力不足就是没有发展出现代社会可持续发展所需的新的生产力。传统的生产方式主要是以体力劳动和消耗不可再生自然资源为主的制造型生产方式。虽然制造型生产已经不断发展与改变，但不足以创造出社会转型所需的新知识与新科学技术，已经不能形成现代化的生产方式。马克思的生产力与生产关系为我们思考与解决创造力危机问题提供了重要的理论基础。也就是说，创造力薄弱或生产力落后这样的综合问题，前面提到涉及科学、教育与经济等各领域，严重受到与之配套的传统的生产关系的制约。因此，发展创造力就需要发展与之相应的新的生产关系。

旧的生产关系，也即传统文化，长久以来使人们形成一定的定式思维方式，如果不发展这些传统文化与社会关系下的思维方式，在现代化的社会生活与生产中，就不能产生新的思想观念，也不容易接受新的科学知识和现代技术。因而，也就无法形成新的生产力。由此看来，传统的生产关系是影响新的生产力不足的主要原因，也是造成创造力危机的重要原因。而新的生产力，即创造力，需要现代化的社会关系所形成的新的文化与之配合形成新的创造型生产方式。

当一个社会的现代文化与社会关系发展不足时，传统文化与旧的思维方式就很难改变人们的生活与消费习惯，这样人们产生新思想与新理念的实践源泉也就不足。这个社会就只能继续依赖传统文化下旧的生产关系与生产力所形成的旧的生产方式。比如我国工业生产力落后，国家严重依赖传统制造业，以制造型经济为主，而新的创造行业还没有成为国家主要的生产方式。这种落后而缺乏现代科学理念与知识技术支撑的生产方式是造成资源浪费与新的发展动力不足的根源。这实际上是传统文化关系中部分落后的价值观与旧的思维方式造成的创造力不足的问题，这已经严重阻碍了我国现代化的进一步发展。

当我国现代化发展所需要的新的生产力与生产关系没能形成，而传统文化关系与旧的生产力又满足不了现代化发展的需要时，就难免出现照抄照搬一些发达国家已发展出来的技术或生产模式，也就是直接拿来别人的产品或技术来满足人们渴望已久的现代化发展与现代化生活需要的情况。为此，我国也在国际上付出过代价。比如前些年在全球范围内就出现了"中国威胁论"，这里的威胁指的是我国出产的各种伪劣产品与知识产权问题严重影响了我国的国际声誉与国际关系，此外，在国内也出现了严重的山寨文化，造成了一系列国家文化安全与诚信危机的问题。这都是与创造力危机直接相关的问题，可以说是创造力危机的具体表现。而本土的原始创造力，近些年才开始发展出新的本土理论与现代化知识来生成新的技术，但还不足以构成现代文化与新的生产方式。当下我国中国梦的实现需要新的动力，即新的生产力与创造力，使中国真正立足与影响世界。这需要各行业与社会各方面共同来改善旧的生产关系，发展现代化的思想观念与新的生产关系。

要发展现代文化观念与新的生产关系，我们需要理解如何对传统文化进行现代化发展。这当然不是一味地抛弃传统文化。相反，我们需要明白，传统文化是我国悠久历史发展的遗留品，一些优秀的传统文化为人类进步起过促进作用，至今也一直在影响世界。另一方面，我们还需要明白，传统文化关系中的一些根深蒂固的价值观在中国现代化与全球化发展的新时代下也有很大的局限性，这些传统文化里的落后价值观与旧的生产关系已无法促成新的生产力与创造型的生产方式的生成，这就是当下创造力难以产生的原因之一。

具体来讲，不利于创造力发展的部分落后生产关系与价值观念常常表现为"从众心理严重""没有好奇心"或者是对新事物不感兴趣，对不同的人或新的事物的包容力很差等文化现象。比如，持有传统观念的一些人对女性非传统角色的出现容忍度很低，把比传统女性结婚晚的女性叫作"剩女"，把受教育程度高的女性冠以"女博士"称号，把事业心强的女性贴上"女强人"标签等。社会上的守旧人士与传统文化中这些落后的价值观念对新女性出现了排斥与不满，并加以标签化，他们看不惯社会新现象，反而认为新思潮与新现象是不正常的。此外，这种落后还表现在他们对新事物或有突破性的新想法，进行打击或抹黑。在这样落后的文化氛围中，人们会很容易沿袭传统角色与想法，而不发展与时俱进的新思想，这样就很难形成新的社会关系与纳新能力，在新的历史时期就会衍生出一些新的矛盾与问题。

我们可以以教育为例来看一些传统价值观念，比如传统的教师权威与家长权威在现代化的教育实践中，如何约束师生与亲子关系发展，而不利于充分发展孩子的创造潜力。在传统的关系下，孩子的存在通常不能得到充分重视，使我们的学生出现了一种严重的存在危机。比如，在教学中我发现，一些大学生上课习惯沉默不语或不愿表达实际想法，教室里出现一种难以沟通的课堂现象。尤其在写作中，学生们不知道如何或不愿表达自己的真实想法，常用"我们"这样的话语来代替自己的存在，出现一种学生个人的心灵被遮蔽的现象，因而也造成一种存在危机。用学术话语来说，这种存在危机就是"自我认同的缺失"，也即自己无法找到自己存在的价值，或者说，不能充分感觉或找到生命的意义。这种存在危机是课堂教学中学生没有发言或没有交流真实想法，或教育没能发展出学生自己的独立思考能力的结果。前几年，在我的教学中发生过一件有意思的事件。当我与学生们面对面讨论写作需要写作者沟通自己的思想时，一位竺可桢学院的学生突然提出了一个令我吃惊的问题。他问："老师，我如何可以证明我是活着的？"当时，我意识到这是一个非常严肃的问题，不能敷衍回答。沉思了一会，我非常认真地回答说："这个问题可以从两个角度来看，一个是生理的角度，一个是思想的角度。从生理上来说，一个人能呼吸，能吃饭，可以行走等，有明显的生命活动迹象，可以说是活着的；但是，一个人，如果从来不

9

思考，或没有思想的话，从'我思故我在'的哲学角度来看，那是不容易证明这个人是活着的。"这个学生的提问，使我不得不思考教育中这些关于学生存在感的根本安全问题。我继续说："这其实是一个需要教育来证明它是否充分发展了我们学生的思考能力的诉求。有思想诉求的学生才会冒出这样的声音，提出这样的问题。这是一个质疑教育是否发展了学生思考力与创造力的声音。很高兴，我听到这是从浙江大学的学生发出来的，这证明你们已经开始思考了。"

学生提出的这种疑问，与钱老的"钱学森之问"一样，引起了我们对教育创造力危机的关注。当学校教育沿袭传统的教育方式与教育关系时，就不容易发展出生活在现代社会中的学生所需要的思考力或创造力，这就挫伤了孩子们的存在感与生命力，这是一个传达他们的存在安全感出现危机的基本信息，这也是我们的教育还没有建立起发展孩子创造力这样的现代价值观的结果。当一个学生，或一个人在学校教室里，在传统教育模式下学习，从不发言，从不讲话，只是一味听老师讲课或背诵课本，不能表达自己的想法时，他是无法证明自己的存在的，更不能证明他是学习的主人或快乐的人，他会因为无法认识到自己存在的意义而失去生命感，从而出现严重的安全感问题或自我认同危机等新的教育问题。这也是创造力危机在教育里的具体表现。当落后的教育方式没有帮助学生在自己与他人，以及和他所在的社会文化之间建立起相互促进的关系，学生不知道如何证明自己是否存在，更不知道他自己的存在对他人与社会有什么作用，学生就会有阴影，不仅看不见自己的存在，也感觉不到生命的意义。他们就像钱学森老先生一样，也大声对我们的教育发出质询。这样的教育危机是没有意义的学习的产物，也是教育没能发展思考力与创造力的结果。

由此可见，部分落后文化因素导致难以产生新的或现代的思想观念，也不足以产生现代化的知识与先进的科学技术。在新时期的教育中，这些传统价值观不容易让学生获得他们需要的存在感或安全感，这在教育里逐渐引起人们的注意。人们不禁要进一步具体分析，一些传统文化价值观在现代化的教育发展中，是如何束缚创造力发展和影响新的教育方式的生成呢？美籍韩裔学者金庆熙（Kim Kyung Hee）认为，儒家文化中的等级观念与人际关系里，比如，父权制与性别价值观等对创造力开发都是有很大影响的。本人也在其他论述中曾用儒家文化代表、思想家孔子先生的一句话来看儒家文化中的人际关系模式，想象一下，它可能如何影响现在教育关系里的师生关系或家庭里的亲子关系。

君君

臣臣

父父

子子

孔子先生的这句话表述了传统社会人际关系中的权力关系及其行为位置，不难发现这个关系模式呈金字塔形，这反映了中国几千年来传统的人际关系与权力模式，权力关系是人际关系的主要表现之一。这样的社会关系特点有明显的等级和权力区别。其中，"君"是王，最高的权力代表；"臣"就是各级政府官员，也是各级政府权力的代表；其次是家庭关系中"父"与"子"的家长制关系。这个权力模式无论从横向，还是从纵向来看都有明显的等级感与单向关系，而不是平等的互通关系。

如果用这样的人际与权力关系来看传统儒家文化里教育中的亲子关系与师生关系，就可以发现几个特点。首先，可以看出，这种等级在家庭关系中形成了家长拥有绝对话语权的家长权威，在师生关系中形成了师道尊严的教师权威，也就是说，家长与教师的地位明显高于孩子的地位。我国传统文化已经赋予了教师的家长地位，比如"一日为师，终身为父"的家长特权。传统忠孝也是这种特权制度的附属品。在孩子的世界里，家长与教师都是传统关系里的权威。这种权威在家庭中表现为孩子是家庭的附属，被要求对家长言听计从，在教室里则表现为教师控制学生，出现学生的发言权与主动性受到很大压制的情况。比如，教师可以随时说话，而学生需举手经过教师同意或点名后才能讲话，否则，会视为违纪行为，或不听话行为，如果学生及时或即兴发言就没有安全感。这样的情况下，学生很难即兴"冒出"声音，或出现有感而发的发言机制。从现在的教室里讲台抬高的设置，还可以看出传统教师的权威地位，教师拥有不容轻易逾越的高于学生的地位与权威，这种等级关系容易使教师脱离学生，存在于学生之上，不容易站在学生的位置思考事情，教室里师生平等共同讨论的学习景象不常见。有的儒学教育家甚至认为教育就是为等级社会服务，不是为了发展社会民主，平等交流是不需要的。这种教育价值观念下的文化现象可能是约束大多数孩子积极发言、主动沟通的主要落后力量，从而影响他们创造性的发展与成长。

其次，这样的价值观念下的人际关系还表现出明显的男权制。传统价值观念里，人们一直都有男孩比女孩更有价值的"重男轻女"的价值取向。各级行政管理中也普遍出现男权与性别权力现象，一直缺乏女性思维与柔性管理的操作方式。这样的教育摇篮里，严重存在软实力不足，教育机构文化没有韧性的现象。此外，我们可以看出，家长与教师虽然在孩子面前有权威，但是在大的教育等级关系里，在教育行政的权力面前，教师又没有太大的话语权。这样的等级关系模式中，形成了少数人有权力控制资源与利益分配，资源与利益层层减少，结果形成多数人没有资源的模式现象。很多人为了获取资源就不得不花大量时间讨好上级，这又衍生出利益关系与腐败现象。这样的等级权力模式造成一种以争夺权力利益与资源的利益关系，而缺乏鼓励创造资源与提高创造能力为核心的思维方式与价值观念，因而造成资源消耗大而创造能力小的等级模式性的思维与行为特征，这样就出现体制性的创造力薄弱与创造力危机问题。

以上以教育关系为例，本人分析了部分传统文化价值观如何约束教育关系的现代化发展，从而影响孩子的创造力发展，导致体制与模式性的创造力薄弱问题。当然，也不是所有的现代化生产关系都有利于创造力开发。比如，研究发现，在现代化的工业发展中，在规模式的工业生产方式下，人们的思维受工业化与集体生产方式影响很大，教育也出现了工业化规模管理与经济方式经营的现象，出现了一种重视群体与集体而忽视个体发展的教育思维习惯与价值观（赵宏琴，2009）。这明显约束了教育中的个人与个性的发展。在工业社会里的教育体制中，常出现一种以集体效益为重的大规模集体经营教育的行为方式。这样就容易形成集体比个人重要的价值观，而平衡的个人与集体观，比如视集体与个人同样重要的价值观与教育思想还有待发展。在教育中，这种强调集体行为的方式就导致了教育缺乏个性化安排的工业化生产结果。在社会上我们常听到"为现代化而学习""为祖国争光"以及出现为父母与家庭等集体单位而非个人而学习的话语与文化心理，而学生自己的存在感或独立性没得到充分重视与实现。这样的教育思维与文化心理也影响教育实践。比如，教育里曾经存在过"一个模式适合每个孩子"的教育现象，出现过全国学生用统一教材与统一高考试题，以及大规模班级上课的非个性化教室管理等集体覆盖个人的教育特征。这种近似工业化与军事化的管理思维，常常通过竞争与奖励从众的机制来带动集体发展。那样很容易形成不理想的教育结果。这样的教育思维里，当其中个人价值没有得到充分的发展时，同样会出现前面提到的自我认同危机或学生存在感不足等现代问题。这样的问题，在基础教育里主要表现为强调纪律，做题与听话为特点的教学文化；高等教育里具体表现为大学生没有独立思考与自主学习的习惯，从众心理严重，缺乏创新与领导意识，学生很少积极表达自己的思想，也不能够从彼此的不同思想交流中取长补短，相互促进，因而出现大家都有一样的思维与行为方式的问题。崇拜权威知识而不善于挑战与批判，不善于提问或不会提问，背诵权威语录或话语的学习与工作模式，这些都是缺乏个性的教育问题，严重不利于学生创造力的发展。在基础差与资源少的历史时代里，集体思维与工业化的教育管理起到过解决文盲问题与促进教育发展的作用。但是，这种集体关系与工业化生产方式不能充分发展出学生的个体价值与个体思考力和创造力，不容易产生互补型的合作伙伴关系，这反过来会影响集体创造力的进一步发展。

在此基础上，我们认识到，现代工业化的教育管理与规模式的集体行动，与前面论证的传统等级关系模式一样，都容易限制孩子个体与个性化的力量，而且不能充分认识到一些非传统元素（比如孩子与女性）的潜力，因而，不能充分发挥自身模式的力量，而形成模式性的自我限制与约束的落后倾向，致使体制不能最大限度发挥其应有的进步作用与创造力量。因此，我国亟待发展出新的教育观念和形成新型的教育关系，生成现代教育文化与专业知识。这样才能在新的历史时期里形成适应现代社会的教育方式，推动国家的体制模式改变与国家的可持续发展。

那么，我们到底需要在几千年文化历史的基础上建立什么样的现代价值观才能推动传统的教育关系发展，从而产生新的各种教育方式？这就不得不再思考一下新的时期里需要确定什么样的教育方向与教育目标的问题，即重新思考教育价值观的问题。我们发现，如果教育创造力不足就会表现出前面提到的，孩子因为没有充分的思考力与想象力而产生存在安全危机与自我认同危机，进而出现国家创造力不足的大问题。这个新时期里的教育诉求与目标就成了我们需要研究的新的领域。因此，要发展孩子的创造力，首先需要给予孩子存在安全感，而这样的存在感或自我认同是建立在孩子的思考力与想象力的基础上的，即创造力的基础上的。

存在感与认同感，是一个人认识自己存在价值以及如何与他人和社会产生关系的基础，这个基础是思考力与想象力，而思考力与想象力又是创造力的基础。也就是说，教育要想使一个孩子有创造力，必须先使这个孩子成为一个会独立思考与富有想象力的人，这个思考力与想象力是一个人证明自己有思想与存在的基本能力。否则，当一个投身学习多年的人无法表达自己的思想或感到自己的存在时，就无法充分证明自己存在的价值，这就会使他失去安全感，因而出现存在危机。当他不知道自己是谁，或是一个什么样的人，就会失去与他人和社会产生亲密联系与积极的行动力。可以这么说，教育的创造性首先表现在要让受教育的人有存在安全感或自我认同感，这个认同就需要教育的创造力来增加受教育者的存在价值。传统教育中落后的教育等级关系与工业化的集体关系在一定程度上都约束了人们的存在感与自我认同感，这是个体创造力不足造成的，也可以说，这造成了个体创造力不足，因而，教育就出现了创造力危机。

在教育里，这个创造力危机主要表现为受教育者的自我认同危机和存在价值缺失。比如，前面所论述的传统人际关系中的权力等级观念，在教育环境里来看，受教育者，即孩子，位于这种关系的社会与家庭结构的最底层，其存在价值没有得到足够重视，其潜力无法得到全面与充分发展；而传统的男权与家长制等话语习惯又严重缺乏女性思维与软性伸张力，即软实力。而这种女性视角以及软实力，其实恰是教育的主体受众，即孩子无论在家庭还是在学校都需要的赖以成长的情感基础与人文环境，这种软实力就是对孩子关心与生命感的培育时产生的存在感与自我价值的认同，这是创造力的摇篮。家长与教师的过度权威都不利于孩子获得充分的安全感与实现自我认同，因而，容易出现创造力危机与教育安全感问题。一个社会的学校与家庭，要想发展孩子的创造力就必须给予孩子充分的安全感与足够的存在感，这又需要改善传统的等级与现代化的工业生产式的教育人际关系。

因此，要发展教育创造力和开发孩子的创造潜力就需要建立现代化的教育价值观，而这种价值观需要考虑如何使一个学习者获得最大的存在感与自我认同感，存在感是安全感的基础，这也是自我认同的前提。可以说，当一个人认识到自己的存在对他人和社会有用时，自我认同感最强时，人们能明显感到自己存在的价值对他人和社会有积极影响时，他是不会有自我认同危机或存在危机的。也就是说，当他的安全感最强时，他的存在感与自我认同感就强。这是一个人有积极行动与创造力的基础。因此，安全感与自我认同是一个人创造力的基本表现，它是通过个体思考创造出来的自我存在价值体系（赵宏琴，2009）。现代教育的核心能量就要表现在如何影响个体的自我认同方式或程度，即让一个人进行学习与思考并发现自己是谁，来自何方，想成为一个什么样的人等问题，来感到自己是学习的主人，发现学习的意义并成为一个有创造力的人。正如我国科学家竺可桢先生在浙江大学期间要求学生思考的两个问题一样：你来浙江大学是干什么的，你将来要成为一个什么样的人。这都是帮助学生思考与建立自我认同的重要问题。教育价值的最大化就是最大限度增强受教育者的存在感与自我认同。通过这种自我认同发挥个人对社会的影响，从而改变环境与世界。从这个道理来说，教育中，教师与家长需要给予孩子这样的安全感，让他们在学校与家里有主人翁地位，以增强他们的存在感。当一个孩子感到自己是学校或家里的主人时，他的安全感和存在感就强，当他感到自己是国家或社会的主人时，他的安全感更强。这样，他们在学校会主动与教师沟通，能够积极思考与行动，也乐于服务社会和参加国际活动等。教育的最大目标就是把我们的孩子培养成具有主人翁意识的主人，即把他们培养成一个真正的公民，无论他们走到哪里他们都有存在感与认同感。教育需要发展学习者这样的主人翁意识，这种积极的自我认同与主人翁意识就是创造力的源泉。由此，发展社会主人翁层面的自我存在感与个人层面的自我认同是最具创造力与影响力的教育，它能产生最大的个人发展动力与教育力。这需要从世界范围内来看我们的孩子需要什么样的地位与处于教育系统中什么样的位置，这是开发与发展其创造力的基本路径。把孩子的位置放在哪儿，这是决定孩子与教师如何相处，与教师如何沟通的基本前置性教育思考，这就需要我们的教育有创新思考能力。

存在安全感与自我认同这两者，我用一个词"主人翁意识"来概括。也就是说，无论是社会、教师还是家长都需要让孩子认识到他在学校和家里的主人地位，使孩子能认同自己对学习或生活主动参与的权利与责任。如果国家、学校以及家庭重视孩子的个人存在，也会影响孩子的独立感与安全感。主人翁意识不能从传统的价值观赋予家长与教师的等级地位与权威关系中发展出来，也不能从工业化的集体思维方式里得到突破发展。孩子创造力的开发需要教师与家长以及整个社会发展出适合孩子现代化发展的师生与亲子关系以及社会地位，比如尊重孩子的话语权，赋予孩子的独立性，发展孩子的主人翁意识等新的教育价值观。

也就是说，要发展孩子的创造力与主人翁意识，首先需要发展前面说到的，传统文化遗留给家长与教师以及教育管理人员的权威权力。传统的教师权威在现代化的社会中不容易赋予孩子的主人翁意识。从传统角度来看，这种教师权威造成了等级差距的不平等师生关系。比如，本土教室里，虽然师生之间只是那么两步之间的距离，实际上教师的地位是在讲台之上，在学生之上。师道尊严的传统在现代社会里，一方面意味着教师这个职业是高尚而又令人尊敬的，因为，教师"传道、授业、解惑"的教育工作是有识之士才能胜任的。这样的职业是造福后代，关系到一个国家与社会未来发展的重要工作。然而，"师道尊严"这种传统规训的师生关系在现代教育中没有得到适当的现代化发展。反过来，从现代文化与全球化角度来看这种传统的教师权威，它又成了一种学生获得主人翁意识的束缚与弊端，在现代化的教育中，需要教师放下传统权威，才能发展孩子的主人翁意识。我们很难从传统的教育角度看到教育中这个传统文化观念遗留下来的教育问题，只有从跨学科视角才能注意到这个教育问题与传统文化之间的关联。

就拿传统的教师权威来讲，教师与教育中其他教育者一样，是社会上的一个传统职业，是受人尊重的。而现在的教育环境下，教师的传统权威性越来越受到挑战，出现了教师无法直接享用或胜任这个传统的权威权力，而是需要把这个权威权力转化成能发展学生的思考力、想象力以及维护他们的好奇心等现代化的教育与沟通的职业能力或专业素质。这是因为，传统中的这个权威对现在的孩子来说是有距离感的，对学生的压抑与约束也是明显的。比如，学校与教师不仅可以规定孩子几点到校，学什么课程，还可以限制上课何时发言等。当这些规定与约束过多时，就限制了孩子的主动学习的积极性。这需要现代的教育价值理念来改善这种传统的教育关系，增加孩子的积极与主动性。

因此，现代化教育发展需要国家、学校和教师，把传统的权威变成一种可以发展学生自我认同感，能够赋予学生主人翁意识的教育能力。传统权威需要在现代的教育里表现出能发展学生创造力的教育领导力。如果传统文化给教师与学校的这种权威，没有发展出现代化的权力形式，比如尊重孩子的主人翁地位，教师或教育管理者说话会没人听，学生没有反应，教室里学生不愿发起主动沟通，也没有积极参与的情感冲动，这样就会造成学生的存在与自我认同危机。这不仅是教师与学生弱势的问题，也是教育弱势的结果，会造成社会创造力不足的问题。

为什么我国传统以来有那么重视教育的文化，自古就有"万般皆下品，唯有读书高"的教育价值观，而到现在教育却显得如此之弱势而不能给人以存在与安全感呢？新中国成立以来，我国教育经历了不同的发展阶段。教师这个职业与教育这个行业在现代发展中遭受了严重的贬值。比如，在特殊的"文化大革命"时期，教育行业与教师这个职业，它们的处境跌入了有史以来的最低点，被冠以"臭老九"的地位。之后，教育的地位继续在近几十年的经济发展与工业发展中受到冲击。在国家强烈的工业化经济发展面前，教育一直未能得到应有的重视，发展缓慢。当强势的工业经济迅猛发展时，教育受工业经济思维的影响，从数量与速度等形式方面进行现代化发展，但却没能从文化与科学知识方面来顾及孩子成长需要的时间与空间，未能充分尊重孩子身心成长的自然规律，出现了以背诵做题与考试为主的教育模式。结果，教育逐渐工业化而失去了其基本的特点，即人文特征，出现了孩子们的存在和自我认同危机以及想象力、思考力与创造力不足等问题。这就不容易培养出现代社会所需要的引领科学技术与知识文化的创造型人才，使得国家出现了可持续发展动力不足的创造力危机问题。如果国家不处理好这个传统文化等级下教师与学生地位低，而现代化工业发展中，教育管理方式不当的问题，比如人文特点不足的话，国家就很难让受教育者拥有以主人翁意识与安全感为基础的创造力，因为教育者自己也没有。

"钱学森之问"带来了全社会对教育创造力问题的关注，也让人们认识到教育行业与科研创新的相互关系。钱学森提出的问题表明在科学界，科学技术行业的领导力，需要学校发展其劳动者的创造力来实现。由于研究教育文化的关系，加上近些年来对孩子创造力开发的兴趣，本人从文化角度来研究我国教育现象，也发现前面提到的教育问题，比如，课堂沟通困难，学生学习中自我认同的缺失，以背代学等常见教育行为，从跨学科视角来看，实际上就是教育创造力薄弱的现实表现，是本土教育出现的教育创造力危机现象。因此，本人也相继提出了"中国教育失去创造力了吗"这样的疑问与思考。

在综合多年教育研究与观察的基础上，通过本书，我首先确立了国家存在创造力危机与教育创造力危机这个命题。同时，借助马克思的生产力与生产关系理论，论证了我国创造力薄弱与缺乏符合新时代的价值理念，和没能及时发展传统落后的生产关系紧密相关。我们国家近年来，已慢慢意识到文化理念与创造力的关系，也认识到发展创造力需要现代的文化价值观与新的社会关系的配合。因此，各界逐渐发出需要同时创造现代文化与发展创造力的诉求，要建立新的现代文化理念，这是我国发展创造型社会的需要。在新的时代里，科学技术与科学知识理念就是新的生产力，这也是创造力。因此，发展新的生产力就是发展创造力，发展教育创造力也就是发展新的生产力。不管怎么说，用马克思理论来看，基础教育是国家持续发展所需创造力的摇篮，发展创造力要从孩子的教育开始，这是发展我国原始创新能力的基础。

在广泛调研基础教育的同时，加上近年来通过高校社会服务项目，特别是基于"学前儿童语言交际发展与创造力开发"研究的基础，我提出了在教育全球化与现代化的当下，我们需要建立新的教育价值理念，确定以发展孩子创造力目标的教育方向，同时需要发展出现代的教育文化。新的教育文化不是从天而降，而是要从认识上述传统文化如何约束新生产力的发展开始，从而探索如何从传统文化中建立新的价值体系与教育关系。通过分析与论证，我提出建立这样的价值认识：重视孩子的思考能力，增加孩子的存在感与主人翁意识等现代化的教育价值观念。这样的教育价值观就是发展孩子创造潜力，生成新的社会关系与生产力的保障，这是开发国家创造力的基本立足点。我希望通过这样的价值观念，基于本土原生态的教育实践的研究，尤其以我这几年在幼儿园里进行的"学前儿童语言交际发展与创造力开发"研究项目为基础，来探究本土教育中儿童与青少年创造力发展的情况，以此探究出有创造性的教育关系与机制，希望这样的探索能可持续地促进教育创造力开发与国家创新力的发展。

第二章

基于主人翁意识的好奇心与创造性表现

　　这一章，我以在幼儿园进行的一个称之为"寻找'有创造性表现的关键事件'"的活动为开始，来研究孩子的好奇心、观察力与孩子的主人翁意识之间的关系，以及这种主人翁意识在家长与教师的影响下，如何明显地表现为具有创造潜力的行为特征。在此基础上，我提出了人的创造力是一种受一个人的主人翁感驱动下的积极参与。

　　我们在杭州一个幼教集团开展了近三年的连续研究，第二年里其中有四个月的时间，我的研究组每周会用一天的时间到这个幼教集团的一个幼儿园进行观察与观摩，想寻找"有创造性表现的关键事件"。刚开始进入班级观察时，当走进孩子们在幼儿园的分班教室后，我忽然想到，我们可以做一个小实验，即观察幼儿园孩子们在日常生活状态下，自然表现出来的好奇心的情况。这个实验就是，我们研究人员，作为陌生人走进教室里，对孩子们来说就是一个外来人，也可以说是一个新事物。我们可以看看孩子们对我们的到来是否有反应，或是否关注。这个小实验从某种程度上讲，可以反映孩子们在自然状态下的好奇心，也可以了解他们对新事物出现在自己空间里的敏感度。为此，我们特意记录了这个幼儿园孩子的反应情况。与此同时，我们也尽量抓获认为有利于认识创造力的事件。我把这个为期四个月的观察活动定名为抓获"有创造性表现的关键事件"。在这一章里，我先呈现研究中记录的数据，然后对这些事件性数据进行详尽分析与探讨。

这四个月里，我们在幼儿园的班级活动空间进行观察，主要是在他们常规的班级教室里。我们观察了 12 个常规班级，共涉及约 200 名 2 ~ 6 岁的孩子。在观察中，我们进行了"有创造性表现的关键事件"的记录，把孩子们的反应情况做了笔记，同时也抓获了其他几件我们觉得值得分析的有创造性表现的事件。在这次试验与观察中，在孩子们的自然生活环境下，幼儿园的日常空间里，一共发现并记录了 6 个我认为"有创造性表现的关键事件"，以下是观察的原始记录。

事件 1（2013 年 9 月 23 日，大 A 班）

孩子 1：有一个男孩过来说："你好！"（他在吃糖）

研究人员："你好！自己带的糖吗？"

孩子 1："不是的，是老师奖的。"（然后走开）

孩子 2："你是谁？"（然后走开）

孩子 3：（当观察人员坐在教室里，一名外国小女孩直接走过来互动）"This is a flower ／这是一朵花。"

事件 2（2013 年 10 月 14 日，中 A 班）

孩子 4（过来问研究员）："你是谁呀？"

研究人员："我是 Annie。"

研究人员（转身问老师）："这个孩子平常在班上表现如何？"

老师："这孩子人缘很好。"

事件 3（孩子们饭后，中 C 班）

一个小朋友吃完饭后向研究人员挥挥手。过了一会，研究人员在拍照时，所有小朋友基本没什么反应，只有刚才向研究人员挥手的小朋友前来玩她的手机，用书挡住她的镜头，在她周边周旋玩耍。然后在地板上躺下（肢体自然舒展，像在家里一样）。

我们在这个以抓获"有创造性表现的关键事件"中，发现这个幼儿园 12 个班级约 200 名孩子中，对出现在自己活动与生活空间的陌生人有反应的孩子并不多。从上述记录中看出，他们全部加起来也不超过 10 个孩子。可以说这几个孩子的自然表现，与其他没有任何反应的孩子相比，形成了一定的对比。看似平常的问候与互动，恰恰成了这几个孩子区别于其他没有任何反应的大多数孩子的关键信号。这些简单问候和与陌生人不经意的接触，让我们看到了他们与其他大多数孩子的区别，可以说这几个孩子具有超出一般孩子的好奇心与观察力，尤其是对陌生人或新事物具有一定的敏感度与关注力。这就是他们与众不同、有创造性表现的地方，也成了我们重点研究分析的对象，对我们认识孩子们的日常创造性表现起到了重要作用。

在此观察期间，我们同时也记录了其他三件发生在教室里的"有创造性表现的关键事件"。这三个事件还涉及教师，具体记录描述如下。

事件4（2013年11月5日，小D班）

孩子5："老师，他占了我的位置。"

老师："你自己去对他说，告诉他，他占了你的位置，请他让一下。"

我们把这个事件标识为：教师没有轻易介入孩子可以自己解决的问题，也可以理解为教师为孩子创造了可以自己解决问题的机会。

事件5（2013年11月5日，小D班）

老师：（活动结束老师收拾玩具时）"谁来帮忙，佳佳来帮忙。"

佳佳："大家一起来帮忙。"

老师："好的，大家一起帮忙。"

（孩子们都一起来收拾玩具，整理活动场地。）

我们把这个事件标识为：教师邀请学生共同协作。

事件6（一堂最有创造性表现的课堂教学）

我们在进班观察中，也对教师上课情况进行了观察，发现有一些教师的课堂里孩子们的表现自然，而且有明显的创作行为发生。比如，一个叫杰森老师的课堂中，在他的引导下，出现了孩子自创歌词的创作行为。这是我们观察以来，唯一发现的孩子有自发创作的课堂现象。我们把这堂课标识为"孩子们最有创造性表现的课堂"（这部分内容在第四章中会进行详细阐述分析）。

在此期间的观察活动中，我们一共记录了以上 6 个值得关注的"有创造性表现的关键事件"，并对这些事件进行了分析。我们发现所有这些"有创造性表现的关键事件"中的孩子们，他们表现出了以下有创造性表现的行为特征。

- 通过问候、询问以及交谈对新事物或陌生人表示关注，与陌生人一起玩
- 在学校感觉像在家里一样自在（有一种主人翁感觉）
- 很会与同伴及教师相处
- 高兴自然地享受上课时间
- 比其他小孩更有好奇心，对新事物持开放心态，主动寻找解决问题的办法
- 善于从教师那里接过力量并邀约他人参与并引发改变
- 一般善于社交，同时有领导力

在我们进一步分析这些孩子的突出表现时，我们想探究这些有如此突出表现的孩子与其他孩子相比，他们具有不同表现的深层动力是什么？也就是说，到底是什么力量使他们区别于其他没有任何反应的大多数孩子？我们发现，这些孩子对陌生人或新事物出现在自己日常活动的空间表示关注，他们在幼儿园和教室里与其他孩子自然而然友好相处，这些孩子在幼儿园的空间里表现出一种在家里一样的主人翁表现。这种

主人翁感赋予他们一种极具好奇心与自信心的开放与投入心态，是他们对出现在自己环境里的新事物表示关注与好奇，并在没有任何成人的指点或提示下，站出来询问和问候陌生人，并与他人主动交流的主要动力。这种主人翁意识也能引起他人参与社会交往与共同相处，这也是一种具有主人翁责任感的表现。同时，我们认为，对自己的环境里出现的新事物有好奇心与敏感度是一种具有良好观察力的表现，这更是主人翁意识的一种体现。这种主人翁意识或责任感是孩子们渴望交流和表现好奇心，具有突出创造性表现的源泉。

　一个孩子把幼儿园或学校当成家一样，这是一个值得研究的重要现象，我认为这就是有主人翁意识的表现。任何一个人，如果在自己的工作或学习空间里能够感觉像在家里（feel home），说明这个人在这个环境里有主人翁感。这种主人翁意识很重要，因为它是一个人主动工作或学习的基础。因此，无论是在工作还是学习环境下，如果一个机构或学校开启了一个人的主人翁意识，就是发挥了这个人工作或学习的主动性和创造力。比如，在教室里，一个教师如果能最大限度让每一个学生感觉到他是主人翁，就可以提高学生的学习主动性与参与度。这其实可以作为评价一个教师的教学水准之一。那就是说，如果看一个教师教学做得好不好，最好就要看，在这个教室里面，他如何调动或引发每一个学生的主人翁意识与主动性。当学生在一个教室里面有主人翁感的时候，他就会自己学习，教师教什么都不难。因此，对这种主人翁意识的认识让我们发现，教育其实没必要把教什么或学多少作为重点来关注。学生的学习很多时候与教育部门和教师教什么已经没有很直接的关系，而学生愿不愿意学习，或学生如何学习则显得更重要，也就是说学生的学习情感与学习方法和学习内容同样重要。只要学生在学校里有主人翁地位，小孩学什么都会主动学，而且都可以学好。因此，有主人翁意识的情感培养与维护应该是家庭教育与学校教育的重点目标。

值得注意的是，这几个少数孩子与出现在教室里的陌生人打招呼，与陌生人一起玩，表现出好奇心，对新事物持有开放心态。他们的这些举动与一般家长和教师教育孩子不要与陌生人讲话的教导恰恰是不一致的。由此，我们了解到，人们在对孩子的日常教育中存在很多不利于维护孩子好奇心或鼓励人际交流的教育话语与行为。比如，由于社会拐卖儿童的现象时有发生，使得很多中国家长与教师经常对孩子的安全问题提心吊胆。有些家长和教师经常教育孩子不要与陌生人讲话，不要理会任何陌生人。这样的无意识教育会产生一些意想不到的负面效果，那就是影响孩子的正常好奇心与观察社会的敏感度，甚至影响孩子与人交往的主动性和能动性。如果家长与教师片面教育孩子不要与陌生人讲话或远离陌生人，这容易在孩子心中形成陌生人就等同于坏人的错误认识，很可能造成孩子对所有陌生人都置之不理的状况，甚至会造成孩子对人的认知与接受障碍。久而久之，这会在一定程度上，造成孩子社交中的防卫心理与信任危机。这也会出现孩子到新环境后，不愿与新环境里的陌生人打交道而出现适应上的困难，严重的甚至会影响孩子的社交参与程度与沟通能力。这就使孩子逐渐失去了对自己周边环境应有的热心关注，失去了对新事物的好奇心与开放心态。当孩子因这些失去好奇心而不积极与人交流的话，在以后的学习与工作交流中，他也就不容易辨认他人的情绪，不容易激起与他人交流的兴趣，也就不容易与他人获得融洽交流的效果。因此，我们观察到的这几个孩子主动与陌生人打招呼，敢于和陌生人一起玩，这似乎与人们通常教导孩子不要与陌生人讲话的传统教育相悖。谁没有跟孩子说过"不要跟陌生人讲话"呢？虽然对孩子来说，并不是所有的陌生人都一定是安全的，但孩子与陌生人打招呼或说话交谈是学会关注新事物的一种表现，我们可以提醒孩子不要随便跟陌生人走，但让孩子不要跟陌生人说话则有可能对孩子的社会交往产生不利影响，比如，会限制他们的好奇心，或不容易对自己生活的环境产生关心和责任感，甚至影响一个孩子的创造性表现。

相比这几个孩子在自然而然状态下关注新事物的例子，在没有家长与教师的要求或暗示下主动与人打交道、与陌生人打招呼的事件，在日常生活中比比皆是。我们经常发现很多孩子与认识的熟人也不太习惯打招呼，总是听到父母提示或强迫让孩子做出应有的反应。比如，我们经常听到家长要求孩子"叫阿姨好""说再见""说谢谢"的命令。孩子虽然在指示下极不情愿地也会说出一些日常交往的话语。但在没有要求或强迫的条件下，孩子并没有养成主动打招呼，进行社交与沟通的习惯。这就不容易产生想了解他人的积极情绪，也不容易建立与他人的亲密感，长此以往，就会形成一种见了熟人与见陌生人一样，没什么话可说的情况。很多时候，人们把这种情况归咎为孩子内向、不爱讲话等，实际上，这是父母与学校都需要注意的教育细节。

我们认识到，孩子需要在日常生活中自然习得好奇心与观察力这门功课。我们的父母与教师如何帮助孩子自然而然养成主动问候与愉快交流的习惯，这是一个不需要课本的课程。激发孩子对他人感兴趣或关注他人的情感感受，是增强孩子好奇心与获得有意义的人际关系的基本引导。但这方面的教育已被很多家长与教师都忽视了。当下多数家长与学校在"不要让孩子输在起跑线上"的文化声音中，急于把孩子送进各种培训班，让孩子在没有特别兴趣的情况下学习琴棋书画等课外科目，加上在背书和算数的教育驱使下，很多需要孩子在日常交往中养成的观察与感知能力和与人相处的细节，反而被学校当成了不重要的事情，没能给予充分的重视。孩子的早期学习，无论是在家里，还是在学校都需要从日常生活细节着手。一般来说，孩子在学校的时间也是他生活的一部分，在学校时，也不需要过度把时间与精力放在课程知识的学习上。家长和教师与孩子讲话，让孩子养成分享与交谈的习惯，孩子与孩子之间的交流讲话也可以是最好的学习。在生活与学习中的交流，可以锻炼孩子勇敢说出与表达自己的想法。孩子之间的互动联系，孩子与他人和环境之间的联系，能够直接影响到孩子的性格发展，使他们学习和人与社会建立联系。在孩子学会阅读之前，书本知识往往无法直接与直观地培养孩子的开放性格或锻炼孩子的积极心态。注重这样的细节与情景的教育就是以人为本的幼儿情感教育，这样才会把我们的孩子发展成一个对周围的人与环境感兴趣的积极而活泼的人。

毕竟，对于 2 ~ 6 岁的孩子来看，这个世界的绝大部分都是陌生的，对成人来说也是如此。维护与发展孩子的好奇心与开放心态对孩子认识与悦纳这个世界尤其重要。人是这个世界的一个重要部分，建立人与人之间的联系本身就是人去经历与认识世界的一种方式，建立孩子对他人的兴趣就是让孩子不要对这个世界漠不关心的办法之一。因此，我们的家长与教师如何教导孩子处理与陌生人的关系是尤其重要的学习内容。认识陌生人因此也就成了孩子认知学习的一个重要方面，是他们健康成长的一个重要环节。家长与教师可以用故事或基于现实生活的情景作为教育机会，让孩子在与陌生人打交道的过程中，去辨别认识一个人的企图是否善良和行为是否对错，而不是从小教孩子不去理会陌生人。这是孩子学习与人友好相处和接触世界的基本办法，也是发展孩子如何与人建立亲密关系和形成判断力的主要机会，在没有了解一个人时就臆测一个人的好坏，或直接拒绝与之认识和交往是适得其反的错误方法。同时，孩子在与一个不熟悉的人相处过程中，在注意观察认识一个人时，其实是会进一步发展他的好奇心、观察力，积累判断力，从而丰富他的经历。这些能帮助他学会认识新的朋友与伙伴，发现交往中的趣味，从而学会认识好人与坏人。在有判断力的基础上才会建立一个孩子的长久安全感与信任感，获得防范与规避坏人的能力。否则，孩子很难学会认识人的好坏，这样长大后还是会有受骗上当的可能与风险。所以，鼓励孩子在和陌生人交往中认识对错与好坏等是孩子成长的需要，也是鼓励孩子善于社会交往的教育。这样，孩子在学会敞开心扉时，获得丰富的经历，发展应有的观察力与判断力，以及社交能力，以后就不会上当受骗，被轻易误导或误入歧途。

我们在幼儿园观察中发现，这些善于与陌生人打交道的孩子，在学校环境里显得怡然自得，在学校时就像在家一样的轻松自然。这一方面说明幼儿园的设置安排比较人性化，让孩子有家居感；另一方面也表明这些孩子有能力在幼儿园里过得像在家一样，这样的孩子在幼儿园里有主人翁感，他们有一种把幼儿园的空间变成自己的空间的适应能力，从而表现出主动行为，而不是把自己当成客人一样，等待听从命令与安排，而逐渐失去主动性。正如歌词里唱的一样"我的空间我做主"，这种在自己学习或工作空间表现出来的主人翁感，有利于提高孩子们主动表现的能力与责任感。当陌生人或新事物在自己空间里出现时，他们才会自然而然地去询问与关注，而不是听之任之、不管不顾。有一种不好的社会风气就是人们彼此之间漠不关心、相互防备、互不信任。孩子关注新事物其实是对自己环境负责任的表现。这样的主人翁感对社会形成人与人之间的相互关心和相互信任的风气极其有利。

这些孩子的主人翁意识与主动性还表现在他们会主动寻找解决问题的办法。正如上述事件4中记录的一样，当一个孩子发现其他孩子占了自己常坐的位置时，他对此没有听之任之或不了了之，而是主动找老师帮助解决这个问题。而老师也没有直接代替这个孩子去解决问题，而是让孩子自己去处理这个问题。这位老师给了这个孩子自己解决问题的绝佳机会（当然不知道这个老师后来有没有帮助这个孩子真的解决这个问题，我们没有做跟进调查），这正是孩子学习的好机会。这件事让我们认识到，课本知识只是孩子学习的一部分，它常常无法给孩子提供如事件4中那样的学习机会，最好的学习其实是家长、教师与孩子在日常生活中共同创造的结果。

因此，我们认识到这些有创造性表现的人是最有主人翁意识、主人翁责任心与主动性的人。这种主人翁责任心就表现为我们看到的好奇心、观察敏感度与积极性、愿意解决问题的行动等，这都是他们创造力的源泉。因此，这就是我们所认识的孩子好奇心的最新发现。这也是本研究的重要发现。在此研究的基础上，我们进一步提出主人翁意识是孩子好奇心与观察力的内在动力，也是孩子的创造力源泉。

要发展孩子的好奇心与创造力，首先要从培养孩子的主人翁意识着手。一般来说，人在自己家里的时候主人翁意识最强，在家里感到最真实自然和安全放心。因此，学习环境让人感到怡然自得与有主人翁感是孩子们创造性表现的良好环境条件之一。然而，我们现在的很多幼儿园与小学教室，除了一排排桌子板凳，光秃秃的几面墙壁，教室里没有足够让孩子信手拈来的学习用具与合适的玩具。在这样的没有想象力表现的空间里，再加上很多教师还要求小朋友坐的端端正正，一动不动，把双手放在后背或腿上，这样会让孩子身体极不自在和不舒服，在这样的情况下，他们很难有自在感或主人翁感。在家里，通常只有孩子犯了错误，受父母惩戒时，才会被罚站或练坐姿。如何让孩子在学校有在家一样的主人翁感，会直接影响孩子的创造性与主动表现。这对我国幼儿园与学校环境布置都提出了挑战。由此，我们现在不难理解，那些像Google这样的高科技公司为什么把他们的办公环境布置得那样随心所欲了，这都是为了有利于那些科技人员的创造性表现，这是公司激发员工主动工作的办法。这样根据工作人员的想法设计的办公环境也是为了强化工作人员的主人翁意识，激发员工的工作主动性与创造力。孩子的主人翁意识的培养，除了按照孩子的学习与生活特点来安排环境外，还需要家长与教师，以及与孩子接触的成人充分尊重孩子在与这些成人相处关系中的主人翁地位，成人在其中需要首先拥有发展孩子主动性和主人翁感的教育意识。

幼儿园教师与工作人员在孩子的创造性表现中也起着至关重要的作用。我们在进一步分析这些"有创造性表现的关键事件"中教师的行为特点时发现，如果孩子们的主人翁意识被教师进一步带动与发挥时，他们的创造力就会更加凸显出来，会变成一种积极的领导力。我们对"有创造性表现的关键事件"中的教师行为也进行了研究分析。有创造性表现事件中的教师行为特征主要表现出这样的一个姿态：让孩子真正参与，把学生变成活动的主人。具体特征归纳如下。

- 为学生创造自己解决问题的机会
- 邀请并让孩子参与，搭建合作共建的学习机制
- 少命令 / 低权威的话语气质（No order/low authority）

如何让孩子参与到家庭与幼儿园的日常活动中？这个问题的探索将会帮助我们解决我国幼儿成长中的种种问题。首先，这涉及家长与教师如何在孩子的生活与学习中建立引导孩子的主动参与意识。如果幼儿园教师与有些孩子的父母一样，代办孩子的一切事情，而不是鼓励孩子自己去做，也不培养孩子自己做力所能及的事情时，孩子很难学会参与到日常生活与学习中来，更别说学会独立与自理日常生活的基本技能了。家长与教师如果不知道在孩子的生活与学习中如何注意自己该做什么或不该做什么的边界意识的话，就会无意中加强孩子对成人的依赖

性，甚至产生惰性，从而延缓孩子的独立成长，不能成长为一个体勤心更勤的快乐人。我们在幼儿园的观察中常常发现，有些幼儿园家长与教师缺乏这样的教育意识，往往会代替孩子做一切，让孩子成了一个不需参与做任何事情的旁观者。这种文化下的"小皇帝"和"小公主"们，严重脱离了日常生活，结果变得不懂生活常识，也不会在学习中借用生活常识。比如，家长往往会代替孩子做大事、小事，替孩子装书包、背书包、穿衣服等，这都是做了孩子应该自己做的事。当下，我们的孩子们除了上学读书外，基本上就没有别的生活与自然玩耍的时间了。如果说，积极生活与快乐劳动是人们创造力的源泉，那么，我们的孩子们失去的就是这个源泉，这就是当下我国教育里孩子们遇到的一个成长问题。这个问题是我们的家长与教师没有成功地引导我们的孩子们参与到学习与生活中来造成的，我们没能帮助孩子们成为他们自己生活与学习的主人，或者说没能让我们的孩子们成为能从生活中学习的人。在人类所有职业中，只有家长这个职业没有岗前培训，美国教育家朱莉露丝说，这是人类迄今为止最大的失误。事实上，家长在孩子的成长中发挥着非常重要的作用。在孩子的教育中，如果家庭与学校让生活成为孩子们学习与成长的课程的话，就是最大限度发展孩子们创造潜力的教育设计，这需要家长与教师都要有一定的边界意识才能给予孩子主动参与生活与学习的机会。

有些事情家长与教师不做可以扩大孩子参与学习与生活的机会，这也让我们思考家长与教师应该怎么做才可以扩大孩子的参与度的问题。这也是前面提到的家长与教师如何引导孩子参与学习与生活，不包办属于孩子的一切，尽量不干涉孩子自己能处理的生活琐事的边界意识，这在一定程度上可以多鼓励孩子成为学习与生活的主人，也是孩子很有效的成长环境。但是，这不是在任何情况下都适用。比如，在学校与课堂活动中，学校教师需要思考怎么做与做什么可以获得或扩大孩子的学习参与度，而不是什么都不做，或敷衍地做。比如，很多事情教师课堂上不讲也不教，到了课后或课外，孩子们自己会去做事情或解决问题吗？因此，在学校里与课堂上教师应该做什么以扩大孩子们的学习机会就是重要的教学思考。有些问题教师需要坚持陪孩子们在课堂上一起学习，一起分析和讨论问题，这样孩子们走出了课堂才会应用学校所学知识去解决生活中的问题。这其实就是把教室内学的东西用到教室之外的生活中，这样孩子才会把教室外遇到的问题带到教室内来一起学习与讨论，就像现在提倡的翻转课堂一样，需要教师们突破传统常规的教学习惯。

"有创造性表现的关键事件"中，我们抓获到的三件由教师启动下的例子，涉及两位教师，在回放我们的视频与分析中，我们发现这两位能启发孩子创造性表现的教师话语特点都带有明显的"邀请"与"允许"的启动信息，比如，事件 5 中，教师就发起了邀请。

老师：（活动结束老师收拾玩具时）"谁来帮忙，佳佳来帮忙。"

这样的邀请带动了其中一个孩子对其他孩子的邀请，她随之发出了更大的邀请。

佳佳："大家一起来帮忙。"

这时，老师允许并支持了佳佳对其他孩子的邀请，她说："好的，大家一起帮忙。"

　　这个事件里既有教师邀请，又有教师允许孩子继续邀请，我们称之为"接力邀请"的现象。这个"接力邀请"中，教师对佳佳的邀请启发了佳佳的自觉性，同时，佳佳把教师引发而来的这种自觉性立马转化成了带动其他孩子参与的力量。佳佳的"接力邀请"最大限度地创造了一种具有合作共建特质的教室活动景象，从而避免多数孩子旁观与少数人干活的局面。如果说，孩子们的参与是创造力发展的基本条件之一，那么，这种邀请参与就创造了这样的条件。这样来看，不难发现，邀请参与是扩大参与度的重要方式之一，邀请参与的力量显得极其强大，直接扩大了参与度。以上这个"有创造性表现的关键事件"中，学生与教师都表现出强大的扩大参与度的能力，这是教室学习与讨论特别需要的，这也是一种教育领导力。这让我们认识到，领导力就是为人们的创造性表现创造条件的能力。我们从这位教师的身上发现了这样的创造力与领导力，这一点也值得所有教师借鉴。这种邀请力如果用到其他工作环境的话，也会大大加强一个机构的创造力。

　　邀请本是主人翁行为，这种信号与行为具备了分享主人翁行为的特征。善于邀请的教师既承担了自己是教室主人翁的责任，他们的邀请行为也是与孩子分享主人翁地位的行为，使主人翁责任扩大化，这种分享与扩大主人翁责任的行为使孩子获得并增加了主人翁感。这最大限度地为他们打下了主动创造的基础与积极参与的习惯。邀请的形式多种多样，允许就是一种。允许与邀请都是教室里的教师与学生分享空间权力与主人翁地位的一种方式，受邀请是学生获取本来属于教师权威地位的重要信号与仪式，允许参与是为学生敞开发挥其主动性并生成责任感的大门，也是打开学生主动性与自觉性的钥匙。这种课堂常常表现出一种要学生"一起来做"的合作共建的教学气质。因此，我们把这种教师的教学行为定性为具有"低权威"气质的教师行为。这种课堂，教师常常不会站在讲台上，而是身处学生中，站在台上的是常常被邀请的学生。这样的教室，不容易一眼看到教师，教室的空间活动与话语表现转移到了学生身上，形成了真正意义上的"以学生为主人"的合作性学习与学生参与度较高的教学生态。这样的教室文化中，学生成了与教师共享教室空间的主人翁。这样的教师比较善于培养学生的主人翁意识与责任。

而高权威的课堂则呈现出一种"不许去做"的课堂严管气质。这样的课堂，教师总是站在讲台上，人们看到的也总是教师在讲课、学生在听课的画面。这种教师权威不是一个简单的教育方法与教学技术的问题，而是一个文化现象在教育中的表现。正如前一章所讲，传统文化中，家长权力高于孩子权力，教师也被赋予很大的权力，通常与父母权力一样大。这样一种教师权力高于学生权力的教室很难形成平等的互动和以学生为主的学习模式，或师生共建的课堂平台。教师如果不对这种传统的师生权力关系进行调整，不去改善教室生态的话，学生很难获得主动参与的权力与积极学习的机会，教室就只能是教师的"地盘"，学生就没有发挥主动权，无法成为教室的主人翁，这样的教学自然就无法开启学生的主动性与积极性。人们的工作与学习的主动性源于主动权，教师开启学生主动性的钥匙就是分享主人翁地位与主动权力。当然前提是教师需要有主动权与主动性。如果一个教室里，教师与学生都没有主动权的话，他们都不会有主动性，也没有学习与教学的积极性，这就会造成教师和学生的学习与教学时间和空间的浪费，教师和学生都不会有积极的创造行为，也失去了有意义的学习与成长。

因此，善于邀请与允许参与的教师的课堂总是制造出一种"低权威、高参与"的学习气氛，这往往会形成一种共建合作的学习与教学模式，这样的模式里，学习与教学融合在一起。此外，共建合作也是一种最基本的创造性学习模式，当教师放低权威时，学生才会生成参与学习的主动性，这样才会生成学生主动学习的习惯，养成自己负责学习的自觉性。低权威教师的这些行为特征便于生成一个开放与包容的邀请学生共同参与的课堂气氛，扩大孩子的参与度就是发展孩子创造力的基本条件。

我们这次在项目中启用的寻找"有创造性表现的关键事件"研究活动，发现这些事件中的学生与教师对所在的空间和参与的活动都有明显的主人翁意识，比如有孩子自然主动地问候陌生人，教师与学生都会让更多的人共同参与到学习任务中。孩子的好奇心表现在关注新事物，这种好奇心源于对所在空间的主人翁感，这种主人翁感也表现为孩子们在学校像在家里一样自在，他们在陌生人面前就是主人。这种主人翁感也给他们一种领导力。这种领导力使他们能让更多的人积极参与到工作任务中。因此，主人翁感与领导力促成了他们的创造性表现和创造力的发展。

这个研究对我们认识孩子创造力的生成与发展有开拓性的作用。一直以来，学界对创造力的诉求缺乏在本土环境下对创造力的具体研

究与认识，以及对创造力与其他能力之间的关系也缺乏理解。我们的
研究表明，创造力源于孩子的主人翁意识，这种主人翁意识是主动参
与的基础。这对在中国教育环境下如何发展孩子的创造力，以及广泛
意义上，如何发展人的创造力都有很大的启示作用。如果把这个研究
结果进一步带到教育实践中，我们不难理解，孩子的发展与否和孩子
是否有创造性的表现，既不只在于教师在学校做什么，也不只在于家
长为孩子做了什么，而关键还在于家长与教师让孩子知道自己做了什
么。这应该是中国本土环境里，看一个孩子是否有良好成长环境与发
展潜力的重要指标。

　　在教育国际化的时代里，我们都知道不同的社会文化对待孩子的
态度与方式差异很大。在美国与欧洲等社会文化里，父母与教师通常尽
量让孩子自己做自己的事，有明显的注意发展孩子的独立意识，这些
对他们来说已经是一种常识和习惯。这些社会文化里，那是孩子们正常
的生活环境与生长状态。由于社会的政治与文化观念的不同，尤其是在
独生子女政策的影响下，近几十年，我国出现了一种特殊的育儿现象，
那就是我们的独生子女一代在家里，几乎成了被所有成人伺候的"小皇
帝"们，孩子们很少有自己做事的机会。这种现象又受到中国社会急剧
城市化与工业化发展的影响，在极度高楼聚居的生活形态里，人们的生
活方式越来越被工业产品和成品代替，活动空间越来越狭小，一些直接
需要孩子们互动参与的传统游戏也逐渐消失，比如女孩子们的踢毽跳
绳，男孩子们的滚铁环等有趣的传统游戏在现代的高楼与混凝土地面上
已很少看见。家长与孩子离自然环境越来越远，生活在人造景观与狭隘

化的空间里，很容易形成攀比、竞争与简单消费的心理。这种竞争表现在把孩子过早纳入了学校学习考试或校外补习的学习比赛中，不让孩子做家务事或自由玩耍，觉得那是浪费时间。在学校里教师让孩子做游戏与自由玩耍的时间也是越来越少，这些都可能造成孩子除了学习什么都不会，在一定程度上也会造成孩子什么都不愿意做的被动心态。因为，他们无论是在家里还是在学校的参与度都很低，这很容易使孩子养成被动生活的习惯与凡事都是旁观的态度。很多情况下，一些常见的儿童问题，比如学习与沟通障碍有可能都是家长与教师没能正确对待或引导孩子的积极参与造成的。这也可以说是一个社会育儿文化的问题。正如一个小学教师所发现的问题一样，当这位小学教师在做她的在职研究生硕士论文研究时，她开始想研究学校里学习有困难和有问题的学生，就是我们常说的学困生。可是，当她进行初步调查与仔细观察这些学生后，发现这些所谓的被冠名为"学困生"的孩子，其实并不是他们自己真的很"差"，而是他们的家长与教师对待他们的方式有问题。由此可见，家长与教师都有可能成为孩子发展的阻碍，严重的甚至会影响孩子们的探索精神与好奇心发展。我在后面的内容中还要分别从家长角度与教师角度探讨这个问题。

那我们的学校与家长到底要怎么做才能最大限度地，或从根本上完全开启孩子的好奇心与创造力呢？我们的研究发现，让孩子成为学校与家里的真正主人，这是发挥孩子主动性与赋予孩子主人翁意识的最有效的办法。也就是说，孩子要和家长与教师一样，在学校与家里也成为主人，让他们具有像家长与教师一样的地位、权力与责任，而不能轻易受家长与教师的过度控制，甚至轻视与忽略。当然，由于学前儿童的年龄特征与经验局限，他们还不能像家长与教师一样有体力，或做大的决定。但是，让他们最大限度地参与，一定要让孩子承担他们力所能及的事情，经常与孩子一起玩或做事情就是成人对孩子的主人地位的承认与尊重。比如，与他们一起玩，一起活动，让他自己走路、自己吃饭、自己洗手、自己穿衣、自己收拾玩具、自己讲话、自己解决一定的问题、主动表达感受，等等，这些生活细节都是孩子的绝佳学习机会。而且，这个阶段，2～6岁的孩子，他们基本只能做这些事情，这些事情就是他们生活的主要内容，也是他们学习的主要源泉与成长渠道。因为，这个阶段的孩子多数还不太识字，还没学会阅读，还在学说话与习得基本的生活技能等。如果家长与教师把这些事情都代办，孩子就失去了其生活体验的全部。他们需要从做这些日常生活的事情中学习一切。成人让孩子自己做他们能做的事就是把孩子当成主人。这一点，中国的家长与教师最不容易做到。

在近几十年的独生子女政策下，多数家庭都只有一个孩子，孩子的生活几乎都不知不觉被架空了，他们什么都不用自己做，爷爷奶奶、外公外婆、爸爸妈妈都随时为他们代劳。我们的孩子除了学习与参加兴趣班，其他几乎什么都不用做了。这是值得我们所有的家长与教师深思的问题。让孩子回归生活，用生活原型作为孩子学习的资源，这是让孩子成为真正的主人的开始，这也是孩子参与生活的权利。这应该成为我们中国当代家庭、社会、学校的育儿基础。这个理念也是本书的核心价值取向。这个理念的实施可以最大限度地发展孩子学习与生活的主动性与参与度，这是创造力的源泉，也是通向有意义的人生阶梯的重要基础，这其实是一个简单的道理。

在本书这一章，我以本土环境下的幼儿学习与生活的原生态研究数据为基础，从"有创造性表现的关键事件"的分析中，首先提炼出了这样的育儿理念：让孩子成为他们生活与学习的主人，这是发挥他们主动性，获得主动权，养成主人翁意识的基本办法，这都是孩子的创造源泉。在下一章中，我以这个基于学前儿童的主人翁意识与生活参与度的视角，来进一步展开探讨、认识与开发孩子创造力的问题。

第三章

以情感为基础的主人翁意识：
理性开放的亲子关系

　　上一章，我们通过分析"有创造性表现的关键事件"发现，这些孩子在幼儿园有创造性表现的内在动力是他们特有的一种主人翁意识。这一章，我跟进"有创造性表现的关键事件"中的其中一位有突出表现好奇心的孩子，主要以这位孩子的家长作为案例，研究他们与幼儿园的家校通手册（幼儿园为每个孩子提供的家长与教师的交流手册）中的沟通内容，以此来看我们在幼儿园发现的有突出表现的孩子，他们的家长育儿行为有哪些特征。对这个案例的研究，我们注意到，父母与孩子的感情交流是开启与养成孩子主人翁意识的基础，理性的亲子关系与零物质惩罚与奖励这样的科学而开放的养育方式是这个孩子父母特有的育儿风格。

　　这个案例是我们在前一章提到的"有创造性表现的关键事件"中，发现其中的一个孩子对新事物与陌生人表示出关注与好奇。因此，我就对这个孩子进行了一个跟进调查。如上一章所说，当我们在这个孩子的幼儿园调研，走进这个孩子所在的中班教室时，他上前主动向我这个陌生人打招呼。我当时转身问这个班的老师，这个孩子在幼儿园表现如何。老师当时毫不犹豫地说，这孩子在班上人缘好，很会与其他小朋友相处。观察结束后，在孩子们午睡时，我进一步向老师了解这个孩子的情况，老师意识到这个孩子的家长在幼儿园给每个孩子的家校通手册上，与幼儿园沟通很详细，家长的沟通内容与其他小孩家长有很大不同，主要是这个孩子的父母在家校通手册上写的比较认真，很详尽，她觉得很特别。我决定把这个孩子的家长与学校的家校通手册复印一份，收集起来作为研究素材。这一章，我就用这个孩子的家长与幼儿园的书面沟通情况做一个关于家长育儿的案例分析。

我先用一张照片来展示这个幼儿园与家长间的家校通手册样本，之后再仔细查看家长写给幼儿园的留言日志。

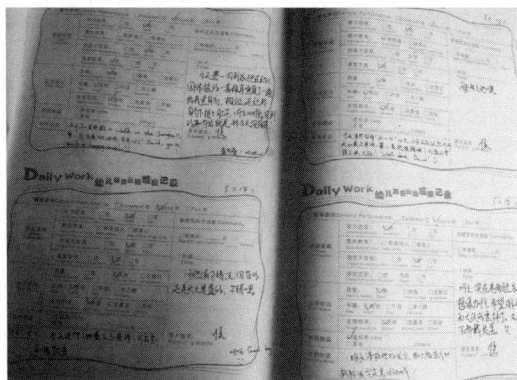

家校通手册 [①]

----

① 该照片系本书作者拍摄，拍摄于 2014 年年底，主要用作父母育儿案例研究。该照片主要用于说明基于家校通手册的父母与学校沟通。

这张照片拍摄的是这个幼儿园家校通手册的其中一页，这一页显示的是家校通手册中周一至周四的学校与幼儿园每周四天的沟通设计，每周五是单独设计的一页。周五这一页中，右边一半，全部留给家长写关于孩子周末在家情况的留言，每周五给家长更多的空间写出较详细的孩子周末在家的情况，以及自己的观察与想法。出于信息安全的需求，我们把该页中有人物姓名的地方稍做了处理。我只把家长签名的姓名中的姓留下，经过图形处理把名字抹掉了。在本书中，为了便于沟通，我给这个孩子取名为"子涵"（假名），此后，我就用这个名字称呼案例研究中的这个孩子，真实地引用子涵的家长与幼儿园沟通的内容。

我们从以上照片中的家校通手册设计可以看到幼儿每日在园观察记录。这个幼儿园每日家校沟通主要分为两个部分：一个部分反映的是孩子的"整体表现"情况，另一个部分是家长"亲师"双向交流版。这个幼儿园制作的家校通的设计主要从孩子在幼儿园的课程表现与生活状况两方面与家长进行沟通。课程方面从孩子的学习态度、爱的教育、创造力发展、语言交流等方面来表现；生活状况方面主要从用餐、午睡和生理状况等方面来交流。我们把手册中每日记录模板用表格在下面更清楚地再现出来，这个手册是英汉双语的（如下表所示）。

Daily Work：幼儿每日在园观察记录表 [①]

整体表现/General Performance：□ Excellent 优　　□ Good 好　　□ Fair 可

课程表现 Class Participation	学习态度 Learning Attitude	□ 优 Excellent	□ 好 Good	□ 可 Fair	亲师双向交流版 Comments
	爱的教育 Education of love	□ 帮助他人 help others	□ 感恩心 appreciation things in life		
	创造力发展 Creativity development	□ 优 Excellent	□ 好 Good	□ 可 Fair	□ 需喂药；　　次 Need to take medicine ____ time/s （时间：　） Time： 家长留言 Parents' Words
	语言交流 Language using	□ 优 Excellent	□ 好 Good	□ 可 Fair	
生活状况 Daily Status	用餐 Having meals	□ 棒 Good	□ 好挑食 picky	□ 没胃口 no appetite	
	午睡 Nap	□ 好 Good	□ 不佳 Fair	□ 未入睡 No sleep	
	生理状况 Health condition	□ 正常 Normal	□ 流鼻涕 Running nose	□ 其他 Other	
带回物品	□ 通知单　　note □ 其他　　other				
老师的话 Teacher's Words					家长签名：

---

① 该照片系本书作者拍摄，拍摄于 2014 年年底，主要用作父母与幼儿园家校沟
　　通案例研究。该照片主要帮助了解案例研究中幼儿园让家长了解的孩子在幼
　　儿园的综合情况。

　　整体来看，以上家校通手册中的幼儿园与家长每日沟通涉及孩子学习、生活与身体等各方面的情况，基本能建立起学校与家长的沟通机制。

　　我们选择进行案例研究的这个子涵的家校通手册上显示的时间段为4月22日到9月6日，中间有节假日与一个暑期，实际产生记录的共有56天日志，包括一天没带校训通的记录。从教师方面的记录来看，孩子整体表现中，其中一半的日志显示教师觉得子涵表现为优秀。也就是说从孩子日常情况来看，教师眼里的这个孩子是优秀的。这与我们前面在"有创造性表现的关键事件"中，发现子涵与他所在幼儿园其他近200名孩子有不同，他表现出较强的主人翁意识和较细腻的关注新事物的敏感度和观察力的发现是一致的。子涵是我们在观察全幼儿园过程中，对新事物有反应，并主动问候出现在教室的陌生人的仅有的几个孩子之一。在这个幼儿园中，子涵的好奇心与创造性表现较为突出，因此，我们想知道他父母在其中所起的作用，决定追踪研究他父母的育儿行为。这样，我们可以从家校关系中认识孩子的好奇心和创造性表现的条件，从而认识促成孩子创造性表现的父母行为，认识他们的育儿行为特征。

　　子涵的家校通手册中有记录的共有56个家校沟通日志。子涵妈妈留言并签名47个日志，其余9个是子涵爸爸留言签名的。从父母对子涵的观察留言与描述话语中，我发现子涵的父母表现出了较为理性与细心的育儿行为。首先，正如子涵老师的观察一样，子涵的父母对孩子的教育是亲力亲为的，父母与孩子有实际的相处与沟通，这是父母与孩子建立情感的基本途径之一。其次，子涵父母的家校通留言表现出了另一种特有的特点，这个特点我称之为有距离或理性的亲子关系。我们发现子涵父母有很仔细的观察能力。同时，在沟通中，子涵父母对子涵没有明显的物质惩罚与奖励的行为与话语，我们把这种育儿行为理解成"零物质惩奖"的育儿机制。他们在家校通手册上的留言洋溢着浓厚的生活气息与明显的生活画面。这些方面，我认为都是非常有利于促成孩子自主意识与创造潜力发展的，下面我结合实际数据展开分析。

我从以情感为基础的主人翁意识开始。子涵父母在家校通手册上表现出了一种父母自己"亲力亲为"的育儿特点与亲子方式，尤其是格外注意孩子的心情感受与情感交流。子涵的家校通手册上 56 个沟通日志的查阅与回复全部是子涵爸爸妈妈自己留言与签名。他们坚持仔细了解子涵幼儿园教师的留言，并每天与学校保持充分的沟通。从家校通手册来看，除了有一天老师注明子涵没带手册，加上"五一"和"六一"等假日幼儿园放假外，子涵父母都给学校写了留言，对老师提示的关于子涵在学校的生活情况，都有表示了解并签名示意，同时提笔书写留言与老师沟通子涵在家的情况。比如，在我们节选的家校通手册上，子涵父母与老师的一则留言对话如下。

（4 月 22 日）老师："上午子涵和丫丫几个小朋友一起表演《Open shut them》。还不错喔！继续加油！子涵，我期待你的精彩表现喔！"

（同日）子涵妈妈："我们也很期待子涵的表演，回家后，他会唱给我们听别的歌。就是不肯唱要表演的，他是要保持新鲜感吗？"

（6 月 13 日）老师："今天子涵与几个小朋友去区域里玩，老师说还没到区域活动时间。他说：'是小雨带头的！'小家伙很会为自己开脱呢！"

（同日）子涵爸爸："子涵现在有很多自己的小道理了，做错了事情总是说'你早说不就行了吗？'无语啊！"

子涵父母与幼儿园建立并保持了这样的日常对话。他们不但仔细查看老师留言内容，还针对老师留言做出回应，把他们观察到的子涵在家的相应情况告诉了老师。父母与教师之间这样的沟通机制使得双方最大限度地了解孩子的情况，彼此明白孩子在做什么以及需要注意什么等。这些留言表明了他们在家里如何配合子涵在学校学习情况，以及子涵在家的情绪表现，与父母及其他家人的活动情况等，尤其是他们觉得子涵有不同寻常的表现情况都会写在留言册上。从所有的留言中，子涵父母表示出明显的支持配合学校学习活动的姿态。比如子涵在学校学了低碳生活概念后，他爸爸改乘公交车接他回家，平常他妈妈会根据教师留言配合孩子的学习，配合孩子为学校的节日演出练习节目，在家欣赏孩子展现从学校学到的歌曲或英语知识等。这表明子涵父母积极参与到家校沟通中，主动让幼儿园与教师了解子涵在家的详细情况，与幼儿园教师建立了良好的沟通关系。

这些日志没有一处是爷爷奶奶、外公外婆或其他亲戚朋友代办的例子。这些数据表明子涵的父母是陪伴子涵的主要亲人。他们与孩子建立了很好的日常相处模式，并与幼儿园保持详细沟通，愿意了解孩子在学校的表现并及时回应教师的留言。由此不难发现子涵的父母表现出了一种亲力亲为的育儿特点。孩子与父母建立的亲密安全的情感关系中，子涵有一种直接表达情感的习惯。子涵爸爸给幼儿园的第一篇留言是关于"五一"放假与子涵相处的情况。

　　"'五一'假期很快就过去了呢！子涵和爸爸一起过了两天，妈妈去上海看望姥姥去了。我问子涵假期过得开心吗？子涵认真地说：'过得很开心，但是今天有点不高兴，因为有人惹我生气了！就是你。'（因为今天带子涵去滑滑轮，刚开始学，摔了两次，子涵就不要滑了，爸爸批评了子涵，所以他生气了）看样子要给儿子点挫折教育了，遇到困难勇敢些，子涵和爸爸一起加油吧！！快要到母亲节了，子涵整天喊着要给妈妈准备礼物，今天晚上妈妈回家了。子涵把自己最喜欢的小汽车拿出来给妈妈，虽然还没有到时间，但是妈妈很开心。"

　　父母与孩子的日常相处，不但能使父母全面和细微了解孩子的情况，而且还能建立起亲密的亲子关系。子涵父母与孩子之间发展出了重要的父子与母子感情，以及其他方面的亲情。父母对孩子的亲自关心、亲力亲为的育儿行为不仅是父母与孩子产生亲密感情的基础，而且是父母发现与满足孩子不同需要的条件。上述留言中，我们发现子涵爸爸比较关心孩子的心情与感受，他直接问子涵："假期过得开心吗？"我们在此留言中注意到子涵已经很善于直接而真实表达自己的感受了，他认真地回答："过得很开心，但是今天有点不高兴，因为有人惹我生气了！就是你。"父母与孩子在这样的沟通中了解了彼此的感受，同时又建立了孩子表达自己感受与心情的安全感。在这种情感沟通中，父母与孩子建立了相互关心彼此感受和安全交流真实情感的习惯。这也给了子涵真实自然表达自己感受与情感的渠道。在这样的关系中，我们可以看出子涵能准确地知道自己的情感状况，没有隐藏、真实自然地表达了自己的感受，而且还能区别表达"开心"与"有点不高兴"这些不同的感受。这种父母触及孩子情感的交流与让孩子安全直接地表达感受与感情的引导，是生成孩子存在感的重要因素，孩子拥有感情的存在反过来让父母能感受孩子的幸福与快乐。子涵父母自己带孩子这样的劳动创造了美好的家庭氛围，建立了美好的感情。有了这样的感情，孩子就懂得了如何与人建立感情以及沟通感情。同样，孩子也明白了感情是人们彼此关心与需要的结果。孩子们学会懂得从关心他人中表达他们的感情。子涵与妈妈之间也有亲密的感情关系，这表现在子涵妈妈的一次周末留言节选中。

"……我这个周末考试了两天，第一天要子涵给我祝福，第二天不到六点钟我一醒，子涵也就起床了，主动对我讲：'妈妈，你加油，一定会考好的。'"

子涵妈妈的这部分留言，一方面表明她知道一个 5 岁的孩子也是有情感的，她把孩子当成了一个有情感的人。另一方面，妈妈的言语也让孩子意识到成人也有情感方面的需要，并且直接让孩子知道她的需要，这样，子涵就付诸了给予妈妈情感支持的行动。子涵妈妈周末两天有考试，考试前一天，妈妈表示她要考试了，她向子涵表示她需要子涵的祝福与支持。子涵妈妈这样直接需要孩子注意与祝福的行为，表明她在与孩子的情感沟通方面是比较直接的。另一方面，孩子在这样的鼓励下，主动给予妈妈感情支持。子涵在这方面有很高的悟性，第二天妈妈去考试，子涵在不到六点的清晨，特意赶在妈妈出门前起床为妈妈加油，给她鼓励。这表现了子涵为妈妈考试祝福与鼓励的情感与爱心行为。在孩子这样有感情的行为支持与关心下，我们能感觉到，那天子涵的妈妈会感到非常幸福与美好，关心与感情就是能产生这样的力量。我们感受到子涵有能力让妈妈快乐，给予妈妈幸福了。一个有感情的孩子也是有很大力量的。因此，孩子的这种情感经历就是他获得各种潜力与力量的基础。

从上述子涵父母留言中，我们不难看出，子涵父母习惯了与孩子进行感情沟通，这使得子涵在情感方面得到了很好的发展，情商也得到了很好的发展。我们发现子涵的父母都善于直接关心子涵的感受，与子涵交流情感信息，子涵也学会了表露与表达情感，养成了主动关心家人和给予情感支持的行为。子涵父母与子涵之间的情感沟通，使子涵在家里获得了亲密的情感关系。尤其是子涵妈妈在考试前，需要子涵的支持，她实际上把子涵当成了一个重要的人，能给予她支持的人，这就认同了子涵主人翁的角色，赋予了子涵主人翁地位，并让子涵能意识到自己是家里重要的一员。这种情感行为与存在意识是子涵照顾与关心他人的积极力量，除了他表现出了鼓励与支持妈妈的事情外，还有照顾关心奶奶的主人翁表现，如子涵妈妈留言所说：

"奶奶有点不舒服，子涵把奶奶拉到卧室躺下，不许她动，自己去厨房端了水送到床边，还带上爷爷的老花镜要给奶奶看病……"

作为一个5岁的孩子有这样的主动照顾和细心关心家人的行为，表现了他很强的主人翁意识。子涵看到奶奶不舒服时，妈妈注意到他如何照顾奶奶，并把这件事生动地记在家校通手册上。在记录中，她没有忽视子涵主动关心家人的事实，特别用了"自己"这个词。一个孩子在受到家人关心后，会发展出对家人的感情与关心，而且这种关心是自觉而主动的主人翁行为。子涵在家表现出了主人翁的样子，有很强的主人翁责任感，即像爸爸妈妈一样关心与爱护家人，像爸爸妈妈照顾孩子一样，照顾身体不舒服的长辈。

由此，我们发现，子涵父母对子涵的关心与亲密的感情交流赋予了子涵的主人翁感，使子涵不仅在家里表现出主人翁行为，也为他在幼儿园里表现出主人翁意识奠定了情感力量与基础，使他在幼儿园里表现出与在家里一致的主人翁行为。

当子涵到了幼儿园里，这样的主人翁意识与情感能力继续发挥作用。在学校与家里一样，都能表现出一致的主人翁情感。而且，在家人与陌生人面前也能表现出一贯的主人翁姿态，在研究中我们发现，他主动出来问候作为研究员的陌生人。他能站出来与陌生人打招呼，在幼儿园表现出超乎其他孩子的勇气。这样的行为表现出了子涵对新事物的关心与好奇。在没有外力的情况下，这些行为都是凭借一个人从内向外的自觉与主动的力量。因此，他是我们观察到的幼儿园里少数的几个孩子之一，出现在"有创造性表现的关键事件"中。

子涵的这种主人翁表现不是偶然的，他在不同地点与不同人面前表现出了一致的、稳定的主人翁行为。在家里，他会主动关心家人，同时，在幼儿园里能自觉关注新事物，并与老师与其他孩子友好相处。在这次跟进研究家校通留言中发现，子涵在幼儿园有创造性的表现与他在家里关心家人和鼓舞家人的行为都有一个共同特点，那就是主动与自觉。也就是说，他的这些行为是自发自觉产生的。这样的行为特点，在本书中我们也把它表述为主人翁意识。正是这样的主人翁意识促动一个人对他人、对自己所在环境能够主动关心与爱护，这种主人翁意识就是孩子们好奇心的源泉，也是他们创造性表现的原始动力。

从子涵的例子看来，主人翁意识受父母的关心爱护与情感交流的启发而实现，它的基础是情感，这种感情主要源于父母的爱与关心，表现在父母关心孩子的感受、允许孩子真实表达自己的感受、向孩子表达感情需要、享受孩子的感情支持等，这些都是孩子经历亲密感情的重要体验，也是孩子感到自己存在与自我认同的基础。因此，情感就是人们主动关心他人与关注新事物的基本力量，是人们主动做事情的动机与动力，也是主人翁意识的基本元素。这个认识使我们懂得，无论是家庭教育还是学校教育，都需要发展孩子的这种基于感情的主人翁意识，即对世界、对他人有感情。这样，他们才会主动去探索世界，关注新事物，在此基础上有创造性的表现，产生创造潜力。

这种以情感为基础的主人翁意识作为创造性表现的原动力也有相互性的特点。子涵父母对子涵的关心是一种爱的情感表达。这种对孩子的爱包含着对孩子的尊重，表现在子涵父母直接询问子涵的感受，允许他直接表达自己的感受与心情，主动要求子涵的祝福与支持等。子涵受到这种情感影响后，他也信任父母，获得了表达真实情感与满足他人情感需要的觉醒与力量，这种力量促动他能在家关心家人，在学校关注新事物。子涵父母在家校通的每一处留言都体现了他们对子涵的仔细关心与观察。这种关心与观察又体现了他们科学与理性的育儿态度。比如，在子涵母亲的一个周末留言中，我发现她把子涵的梦话都记住了。

"午睡醒来，对面楼里传来吹箫的声音，是吹的，'弯弯的月亮'，子涵轻声地说：'多么美妙的声音啊，传到了我们的房间。'啊，第二天午睡时，不知道做了什么梦了，推着我说：'我多么爱你啊，你却这样对我。'晕倒了，不知道说的是什么梦话。"

有几处留言都是子涵妈妈关注子涵睡觉的细节，比如：

"每到周五的早上，子涵都会睡个小懒觉，把他叫醒了会说'困死我了！'啊，很少会有他睡不醒的时候啊。"

子涵父母这样的细心与关心，不知不觉也让孩子学会了关心与爱护家人。这样的关心家人的能力与责任，发展并赋予了孩子的主人翁意识与主人翁责任感。一个拥有足够关心与爱的童年很可能赋予他关心与爱护他人的能力与情感。现在，我们不难理解，人的主人翁意识与责任感是受到他人关心与爱护的结果，这也是人们有创造性表现的最大力量。培育孩子的主人翁意识就是发展人的创造力。而人的创造力中很大部分是情感的力量，这个情感的力量转化成前面论述到的主人翁意识里的主动性与自觉性。

同时，我们也发现，子涵的父母虽然通过对孩子的仔细关心与情感交流培育出了子涵的主人翁情感基础，但他们并没有溺爱小孩，而是与孩子建立了我称之为"有距离的亲子关系"，表现出了一种理性的育儿观念。他们一方面很善于与孩子沟通并关心孩子的感受，比如前面子涵爸爸询问子涵'五一'假期玩得开不开心的细节。同时，子涵爸爸也意识到子涵学滑轮摔了跤就不想学了，子涵需要一点挫折教育。在这样的父母关系下，子涵也对父母有感情，比如子涵惦记着要给妈妈母亲节礼物，还在妈妈考试的那天特意早起为妈妈加油。因此，他们形成了良好的感情沟通并拥有了重要的情感关系。另一方面，子涵的父母留言也表明了他们对子涵的详细观察。子涵的爸爸妈妈在留言中，直接用子涵的名字。与孩子的情感沟通与对孩子的观察，他们都有把孩子当成一个独立人的意识，这就是对孩子存在的尊重，这是给予孩子存在感的基础。尤其是子涵的母亲，一直都保持了一种观察视角来看子涵，如子涵母亲的留言所示。

"周末在家里简单给子涵过了个生日，吹蜡烛的时候子涵许了个愿，他很大声地说：'我要学会在家里整理玩具！'吃完蛋糕，自己许的愿望马上忘了。但他在幼儿园和上课外兴趣班时，挺自觉地收拾的。最近好像重返幼儿期了，嗲声嗲气地说话。要给他喂饭，还时不时要求抱抱……"

"子涵好像最近突然爱上儿歌了，回到家就唱那首打雷闪电的儿歌。在车上学会了一首儿歌，很开心地说：'妈妈，我会唱这首歌了，赶紧把这首歌发给我们老师。'"

父母的观察首先表现了父母对孩子的关心，但在一定程度上也表明与孩子保持了一定的距离，这种距离是理性育儿的需要。我们知道，所有的观察都需要一定的距离，并且要在不断转换角度的条件下，才能完全看见被观察的对象。打个比方，我们如果要全面看见事物 A，当我们与事物 A 粘在一起，没有任何距离的情况下，A 就像自己身体的一部分，我们无法自然看见他的各个方面。一个人，无论他怎样转换角度，都无法自然看见自己身体的每个部位。在没有其他工具的情况下，人们就看不见自己的脸与背部等部位。但是，我们可以很容易看见与我们有一定距离的事物。当我们围着这个事物转一圈，自己转换角度的话，就可以看见他的各个方面。只要我们稍微转动就很容易看见另一个人的面部与背部，左侧与右侧。因此，要全面看见事物 A，一定的距离与自己转换角度是必要条件。子涵父母对子涵各个方面的观察表明他们与子涵保持了一定的距离，这样，他们才能全方位看见子涵的成长和他成长中的细微变化。子涵父母这种"有距离的'亲子'关系"与观察视角意味着他们具有一种理性的育儿观念。正是这种理性创造了子涵父母与孩子的一定距离，这样的距离能让子涵父母观察到他的全面情况，从而发现与满足其成长的全面需要。比如，子涵爸爸发现他需要适当的挫折教育，妈妈发现他需要撒娇抱抱等亲密感。同时，这个观察距离给了孩子在父母关照下的成长空间，孩子与父母之间的这点距离也是孩子能够充分成长与父母能清楚发现孩子成长需要的必需空间。

当距离适当的时候，父母既能观察到孩子细微的情况，又能让孩子时时得到父母的关心与帮助。这样的适当距离，应该说是一种最佳的父母与孩子的关系，即亲子关系。在这种理性与适当距离的情感育儿关系中，孩子既不过分依赖父母，父母又能保持孩子的独立存在，父母还能及时满足孩子的需要。这是父母把孩子当成一个独立的人的结果。理性育儿和有距离的"亲子"关系为孩子创造了一个全面成长的空间，使孩子的独立性得到了充分发展。孩子的独立成长是孩子学会了解自己与探索世界的途径。只有这样，人才有机会发展出全人格，最大限度减少对他人的依赖心理与依赖行为，才有关心他人的能力与自觉性。独立的人才会最大限度地关心与照顾他人，并同时能感到自己的存在。

　　当亲子关系距离过小，尤其是父母与孩子没有任何距离时，父母不容易看到孩子的全面情况。因为父母把孩子当成了自己的一部分，或把自己当成了孩子的靠山，使孩子失去了独立成长所需的必要空间，养成了依赖心理与依赖行为，从而无法独立成长，也得不到全面锻炼。

　　然而，当亲子关系距离过大时，就会出现父母经常看不到孩子，孩子也很难及时得到父母关心的情况。这种情况，在中国社会中，一般有以下两种情形：一种是孩子基本由爷爷奶奶或外公外婆看管，甚至与爷爷奶奶外公外婆同住，孩子没有与自己爸妈同住；另一种是即使父母与孩子在一起，父母心里不关心孩子或忽视孩子的需要。这些情形中，孩子的父母无法及时给予孩子所需的关心，孩子也就无法与父母建立亲密的亲子感情。父母与孩子的关系中，无论是距离过大或过小，都不能与孩子建立良好的互动关系，很难形成观察视角，不容易发现孩子的成长细节，更不容易发现孩子成长的不同需求，这种感情上的忽视是孩子长大后诸多问题的根源。

　　理性的距离是父母满足孩子全面发展所需的基本保障。一个人的成长，尤其是孩子的成长，其需求是多方面的。基本需求虽然是温饱需求，但同时也有情感需求，比如，父母的关心与爱护。情感的需求与物质需求不一定有层次之分，也可以是同时需要的。一般的父母比较注意满足孩子的吃穿等需求，让他们吃好，穿好，买很多玩具，但是却不注意照顾孩子的情感需求，比如爱护，关心，以及关注，尤其是适当的距离空间。这样，孩子就无法学习关心与爱护他人。

从子涵这个案例中我们认识到，有距离的亲子关系是一种理性的亲子关系，也是一种理想的亲子关系。这种理性是培养孩子独立性与全人格的基础，同时也是孩子全面发展的情感基础。我们认为，有感情的独立人是具有健全人格的人。那些得到过关爱的人更能关爱他人，子涵就是如此。同时，关爱的关系中并不是没有任何距离，而是需要适当的距离。距离是两个人独立的必要条件，这是产生相互关爱关系的基础，这样的两个独立人才能最大限度地关爱彼此，因为只有独立的人，一个不依赖他人的人才能最大限度地去关爱他人。懂得这样的道理，有了这样的经历，就能懂得人与人平等相处的艺术。从子涵与家人的关系中，一种有适当距离的感情关系为子涵儿童时代的成长创造了非常美好的空间，因此，子涵无论是在家里，还是在幼儿园都能一致地表现出他是一个有感情的人，形成了一种稳定的主人翁意识。

从子涵的家校通手册中我们发现，子涵父母在建立子涵的情感能力方面是非常突出的。子涵父母都对孩子持一种发展观，能理解孩子的需要与能力发展，明显意识到孩子在成长变化中，家长需要赋予相应的变化，积极支持孩子参与各种活动，使孩子乐于探索陌生的世界，同时受到成人的保护。子涵的妈妈在留言中多次意识到，一方面是子涵无论是在学习上还是在生活中都有变化。

"子涵在画画进步很多啊，一开始图色都不肯，现在已经喜欢在小黑板上画来画去的。"

有一次周末留言是这样的。

"子涵最近好像突然爱上了儿歌了，回到家就唱那首打雷闪电的儿歌。在车上学会了'糖葫芦'的歌，很开心地说：'妈妈，我学会唱这首歌了，赶紧把这首歌发给我们老师。'子涵长大了，我们想把他的房间重新装饰一下，他听说后兴奋极了，一到周末了就拉着我们去买颜料，结果到了店里发现不像他想象的那样五颜六色，顿时就没兴趣了。店主送他一把小刷子，又开始疯了，在路上不管认识与不认识的，都冲向人家挥舞他的刷子，简直是灾难呀！"

另一方面子涵妈妈注意到，子涵成长中还是有幼儿特征，包括有一些幼稚表现。

"……最近重返幼儿期了，嗲声嗲气地说话，要给他喂饭，还时不时要求抱抱。不知是否到了什么时期，满足了要求的语气非常开心，拒绝的话又叉着腰给我们瞪眼。"

又一次在留言中说道：

"他在家里吃饭，也是撒娇，一定要喂着吃，'倒退期'来了？"

子涵母亲的观察都是子涵细微的表现或变化。从子涵爸爸给孩子留言中，我们也体会到他们不但想到给孩子快乐的童年，而且还想到要丰富孩子的生命。

从子涵父母对子涵童年的爱护想到子涵与生命的体验，我们可以看到，子涵父母对子涵的成长设有很开放的成长空间，对孩子发展的阶段性的注意也表现了他们科学育儿的态度。这样的育儿观念下，子涵父母就能既注意到孩子在家生活的细节点滴，也留心孩子在幼儿园日常学习与发展情况，并且知道保护子涵无忧无虑的童年以使孩子的生命更加丰富与不同。亲密理性的亲情、感性的距离、科学的放养是子涵父母特有的育儿风格，为我国新一代的父母创建了良好的育儿范式。

此外，我们特别注意到，子涵父母表现出一种零物质惩罚与奖励机制。子涵父母的育儿特点与人们常说的表扬与惩罚育儿模式不一样。从我们的分析来看，子涵父母没有任何地方或时候对孩子施加物质惩罚或奖励行为。虽然他们对孩子的表现欣赏有加，但却没有过分表扬的话语。他们对孩子有期待，有轻微的表扬，但当孩子有轻易放弃学滑轮的倾向时，他们也批评孩子，还给子涵挫折教育，但没有丝毫的物质惩罚意识。当孩子有幼稚表现时，比如上面提到的，随着子涵长大，妈妈改变原来养育婴幼儿的风格，想把他的房间重新装饰一下，与子涵去油漆店时，店老板送给子涵一把油漆刷，子涵向人挥舞刷子时，子涵妈妈没有明显表示出不满或责怪，这样的孩子行为也不算犯错误，他们很多时候用感叹表达对孩子的某些幼稚行为的注意。但他们从未急于惩罚孩子，当然孩子也没有犯大的错误。只要孩子没有犯错误，父母就不急于制止，也不急于评价与奖励，形成了一种"零惩罚与奖励"的自然育儿特点。

这种"零物质惩罚与奖励"是一种更为开放的育儿风格。这是孩子自然与主动表现和自觉发展的条件，也是子涵学会对自己行为负责的基本条件，这也是一种维护孩子主动性的机制。过度的表扬与批评都会有很多负面效应。任何奖励都会导致一种"为父母做事"的感觉，会削弱孩子的自主性与主人翁责任感。比如，一个孩子不好好吃饭时，如果父母说"吃了饭，就给你买玩具"。不好好吃饭的行为，不但没有受到批评与惩罚，这样的行为反而得到奖励。孩子就会发现，不好好吃饭，是父母来负责任的，自己不但不会饿肚子，还会得到玩具。孩子就很乐于去做不好好吃饭这样的事来赢得玩具。这样，父母买玩具的奖励，结果鼓励的是孩子不好好吃饭的行为，而不是让他饿了再吃。另外，孩子会觉得好好吃饭是为父母做好事，既然吃饭是为父母做好事，那父母就得给我玩具。因此有时候，孩子不好好吃饭这样的坏习惯其实是奖出来的。也就是说，父母用奖励的办法解决问题时，反而不小心使孩子养成了这样的坏习惯。这也是我们常常看到的娇惯与溺爱现象，这些往往会让孩子养成坏习惯。当孩子养成坏习惯后，如果没有物质奖励就不能积极做好自己该做的事情。当父母应该批评或惩罚孩子的不当行为时，却用了奖励的办法，就会出现鼓励孩子不良行为的现象。同样的道理，如果父母经常用奖励的方法来回馈孩子应该做好的事情，比如像正常吃饭、学习等事情时，奖励就会使孩子误以为这些事是为父母做的事，或者让孩子形成一种好好吃饭与学习等是为了获得奖励的错误认识。久而久之，孩子不容易对这些日常生活中的事情产生内在的责任感与主动性。奖励虽然有鼓励正确行为的作用，但是奖励不当或过多时，反而会成为问题。因此，清楚什么时候或什么事情需要表扬与奖励，对父母与孩子来说都是很重要的。

过多的惩罚与过多的奖励一样，都会对孩子的行为产生负面影响。表扬过多可能造成孩子无法接受批评的可能，损伤孩子的主动性与责任心，很多教育者提倡多用惩罚教育孩子，认为惩罚是一种硬性的爱（刘维隽，2011）。但这种方式还是要谨慎使用。若是使用不当，会产生负面效果。而过多的惩罚会让孩子失去好奇心，产生恐惧与障碍等负面心理与情绪。举个例子，当孩子与长辈或父母到了一个与家里或学校环境不一样的新地方，比如公园、商场、机场或医院等地方，孩子自然有些好奇，他们很容易被新事物吸引，可能会到处看看，很容易脱离父母的视线。这样的情况下，有些父母或长辈就会很紧张，由于担心孩子丢失，当他们找回孩子后，就会不断地呵斥与教训孩子，严重的还会打骂孩子，而不是问孩子看到了什么，发现了什么好玩的或新的事物，并与孩子一起去探索新的地方。这样，父母就无法鼓励孩子对新地方与新事物持有好奇心，反而会阻碍孩子对新环境的探索心理，让孩子产生防备心理与害怕情绪。

惩罚的目的是让孩子认识错误以及不再犯同样的错误。父母在惩罚孩子时，需要判断孩子的行为是否属于犯错误的行为。就算孩子犯了错误，只是一味的惩罚也不容易起到阻止孩子犯错误的作用。有时候，惩罚本身是无法纠正错误的。当孩子犯错误时，比如撒谎、故意欺负他人等，家长或教师需要与孩子沟通，让孩子认识到什么是错误后，孩子才会从中受到影响，产生认识与改正错误的能力。从错误中学习实际上是最符合人性的学习，这也可以开启自主学习的行为。错误是为学习而存在的，惩罚的目的不是真的要罚，而是要孩子从认识错误中体验到改变与发展（米凯拉 等，2013）。否则，很多惩罚是没必要的，很可能不是孩子犯的错，而是家长没弄清情况，这样的惩罚容易惩罚孩子的好奇心或创造性表现，从而使孩子的创造性表现受到抑制。因此，父母悦纳孩子一定的好奇心，让孩子自由发挥，是帮助他们打开创造潜力的通道。

子涵父母没有过度的表扬与奖励，也没有轻易的惩罚。他们善于接受而不是过分给予干预，他们鼓励孩子自然的表现。可以说，子涵的成长与子涵父母的这些表现有很大关系。因此，子涵学会了在家里与幼儿园都能自然表现自己的好奇心与发现问题的能力，他的主动性与好奇心得到了自然发挥，生命力也得到了无障碍的自然成长。

由此，子涵在学校有突出的主人翁表现，这既与他父母积极关怀的情感基础紧密相关，又与其父母没有明显的物质惩奖密切相关。子涵父母关心孩子，允许他表达、行动、尝试甚至是犯错误，让他完全展现自己。父母只是给予适当的反馈，帮助孩子充分做自己，发现一个完全的自己，而不是动则惩罚或呵斥，过于干预孩子的正常表现。这就养成了孩子善于开放与表达自己，与人建立真实关系的习惯。这是父母能给孩子最好的爱。这让我们认识到，那些允许我们表达自己，做好自己的人是爱我们的，启发与帮助我们做最好自己的人是最爱我们的。如果一个孩子或成人有懂得这样爱自己的家人、同学、伙伴与恋人的话，他是快乐的，幸福的，也是幸运的。这个人也能懂得去爱与关心爱他的人。这样的相知就形成一种深层双向的相遇。但这种相遇不经常发生。我确信，这种相遇的发生既能使人们感到无遗憾的满足，又能给人们带来进步的渴望。这可能是人与人能拥有的最好的人际关系与社会生存环境。因为这样的家庭与社会关系最能维护一个人的主动性与好奇心，这是一个人渴望探索未知世界，真诚而一致性地成为最好自己的重要基础。子涵父母给他提供了一个没有威胁的家庭环境，他们无条件接受孩子的天性，同时，将恐惧、焦虑和防御的气氛降低，让孩子在爱中找到归属感与获得主人翁感，从而得到了较强的安全感与自信心，使子涵能最大限度地探索世界，丰富自己的生命，产生较大的创造潜力。这样，子涵在幼儿园里，与在家里一样，都能一致性地自然表现出主人翁意识，与班里的同伴和老师友好相处，又对新事物表示关注，对出现在自己教室里的陌生人打招呼，表现出主动沟通的积极创造行为。

第四章

| "杰森，你好" / "Hello，Jason"

　　上一章，通过从"有创造性表现的关键事件"中的一个孩子，即子涵的家校通手册为案例，我们研究了子涵父母给幼儿园的沟通留言，详细分析了子涵父母的育儿表现出有亲密情感而又理性的亲子关系，以及零物质惩奖等育儿行为特征。这一章通过分析幼儿园日常上课情况，我呈现了一堂"孩子们最有创造性表现的课堂"。这堂课与其他课相比，孩子们参与创造的内容多，并且主动提出了新内容，在教师的协同帮助下，课堂出现了非常连贯一致的师生共同创造新内容的局面。仔细分析该幼儿园多数教师的课堂教学情况后，我们把这堂课界定为我们观察到的"孩子们最有创造性表现的课堂"。

　　"孩子们最有创造性表现的课堂"是我们在幼儿园调研时，进入到幼儿园的不同班级，观察老师们上课后收集到的发现。在此过程中，我们注意到幼儿园多数教师上课都有一定的创造性表现。但在我们观察的很多课堂中，有一堂课里，孩子们表现出了自然的课堂参与和明显的创作行为。孩子们随着教师的引导，把教师作为素材，创作到歌词里去了。前面第二章，我把这堂课记入了"有创造性表现的关键事件"里。在这个教学案例研究中，我们给这位教师取名为"杰森"，英文名是"Jason"。他带的这堂课，实际上是英语课，我们发现这堂课里孩子最具创造力表现。我们对杰森的这堂课进行深层分析，然后进行理性提炼，在分析中认识有创造性表现的课堂特征，同时对它进行理论建构。这对我们认识幼儿教学与具有创造性的课堂教学范式，以及其他环境下的创新机制都有很大帮助。

作为研究者，我也很想知道，孩子们有明显创作的一堂课里，它的教学生态是什么样的？是什么样的教学行为促成了孩子最大限度的创造表现？孩子在教师的引导下到底创造了什么新的内容？这与其他比较有创造性表现的老师的教学情景对比有什么不同？因此，在分析中，我适当用其他老师的教学作为参照，着重分析杰森老师的课。主要建构出杰森老师的这堂课里，孩子的创新表现的路径模式与生态情况，同时，我还提炼了这种课堂创新机制对其他环境下创新的普遍启示。我们先来看一下从大约 7 分钟的视频转录的原始资料，展现出的孩子们有创造性表现的这堂课的视频内容。课堂语言是英语，我把它翻译成汉语。这里用双语呈现视频内容。在行文间，有变化地方，我稍加前注提示。

这堂课是这样开始的。

杰森走进教室，孩子们陆续主动用英语与他打招呼："Hello Jason！（杰森，你好！）"杰森一一回应："Hello！（你好！）。"杰森与孩子们打完招呼就开始弹琴唱歌，一节课开始。以下是上课的具体情况。

Jason: (clapping hands) All right! Sit down, everybody!

杰森：（拍手）好啦，大家都坐下吧!

Kids: (jumping happily）

孩子们：（蹦蹦跳跳）

Jason: (begins playing piano and singing) Oh! Do you know the muffin man, the muffin man, the muffin man? do you know the muffin man? Who lives on Diary Lane?

杰森：（开始弹钢琴唱歌）噢! 你认识那个卖松饼的人吗？那个卖松饼的人，卖松饼的人。你认识那个卖松饼的人吗？他住在德鲁里巷。

Kids: (singing with him)

孩子们：（和他一起唱）

（杰森把歌词改成了问话与学生对话）

Jason (asking): Do you know the muffin man?

杰森：你们认识那个卖松饼的人吗？

Kids: (very happy) Yes!

孩子们：（非常开心地回答）认识!

（接着大家继续唱歌，歌词从问句变成了回答）

Jason: (playing piano and singing) Oh, yes I know the muffin man, the muffin man, the muffin man. Yes I know the muffin man, who lives on Diary Lane.

杰森：噢! 是的，我知道那个卖松饼的人，那个卖松饼的人，卖松饼的人。我认识那个卖松饼的人，他住在德鲁里巷。

Kids: (singing along)

孩子们：（跟着唱歌）

（孩子们跟着杰森唱歌，老师继续稍加改变歌词，从问句到回答都在歌词里唱出来了。这时，杰森做了另一点改变，点了一个小孩的名字，应用歌词的句子问）

Jason: Henry, do you know the muffin man?

杰森（问）：亨利，你认识那个卖松饼的人吗？

Henry: Yes!

亨利：认识。

（杰森在继续弹唱歌词中，继续对歌词稍做改变，把"我认识"改成了"我们认识"）

Jason: Good. Oh yes we know the muffin man, the muffin man, the muffin man. Yes we know the muffin man, who lives on Diary Lane.

杰森：好的。噢，我们认识那个卖松饼的人，那个卖松饼的人，松饼人。我们认识卖松饼的人，他住在德鲁里巷。

Kids: (singing and waving arms)

孩子们：（唱着歌，挥着手臂）

（经过上面细微改变歌词后，杰森做了一个较大的改变，把在教室里其他老师唱到了歌词里，把他们变成了歌里的人物，同时，把幼儿园地名也用上了）

Jason: Oh! Do you know Yuki Laoshi, Yuki Laoshi, Yuki Laoshi? Do you know Yuki Laoshi? She works at the Little World.

杰森：（继续弹唱）噢！你认识 Yuki（一位在教室里的老师的英语名字）老师吗？ Yuki 老师，Yuki 老师。你们认识 Yuki 老师吗？她在"小世界"（幼儿园的名字）工作。

Yuki：（举手示意）

Kids: (Looking towards the two teachers in the room)

孩子们：（看向两个老师）

杰森继续把在场的人物编到歌词里去。

Jason: Oh, Anna Laoshi! Oh! Do you know Anna Laoshi, Anna Laoshi, Anna Laoshi? Do you know Anna Laoshi? She works at the Little World. Do you know Anna Laoshi?

杰森：（继续弹唱）噢，安老师！噢！你认识安老师吗？安老师，安老师，你认识安老师吗？她在"小世界"工作。

Kids: Yes!

孩子们：认识！

（这时，杰森开始适当发挥了，加了一句不是歌词的问话）

Jason: Where is she?

杰森：她在哪里？

(one kids): Right there!

一个孩子：就在那里！

Jason: Right there.

杰森（跟着孩子重复了一下）：就在那里。

Yuki: 大家一起说 "Over there"！

Yuki: 大家一起说"就在那里"！

Kids & Jason: Over there!

孩子们与杰森一起说：就在那里！

（杰森顺势继续与孩子对话，暂停唱歌）

Jason: Do you know Yuki Laoshi?

杰森：你们知道 Yuki 老师吗？

Kids: Yes!

孩子们：知道！

Jason: Where is she?

杰森：她在哪里？

Kids: Over there!

孩子们：在那里！

（杰森继续用现场的人物创造对话内容）

Jason: Over there! Do you know the Ayi?

杰森：在那里！你们认识阿姨吗？

Kids: Yes! (Looking back at Ayi)

孩子们：知道！（看向阿姨）

（杰森继续把阿姨变成了歌词唱）

Jason: (singing) Oh! Do you know Ayi, the Ayi, the Ayi? Do you know the Ayi? She works at the Little World.

杰森：（唱歌）噢！你认识那个阿姨吗？阿姨，阿姨？你知道阿姨吗？她在"小世界"工作。

Kids: (singing)

孩子们：（唱歌）

（杰森又以阿姨为内容与孩子对话）

Jason: Hey Ayi. Where is she?

杰森：嘿，阿姨！她在哪里？

Kids: Over there!

小朋友：在那里！

（经过以上铺垫，这时终于出现一个孩子，开始做杰森老师一直在做的事，就是自己做歌词了。一个孩子以杰森老师为题材开始唱起来了）

One Kid: Do you know Jason Laoshi, Jason Laoshi, Jason Laoshi?

一个孩子：你认识杰森老师吗，杰森老师，杰森老师！

（此时，接着，其他孩子也跟着唱起来，杰森老师顺势加入，提问并和孩子创造出以下对话）

Jason: What? Jason Laoshi? Who is Jason Laoshi?

杰森：什么？杰森老师？杰森老师是谁？

Kids: You!

孩子们：你啊！

Jason: I am not. I don't know him. What does he look like?

杰森：我才不是。我不知道他是谁。他长什么样？

Kids: You!

孩子们：你啊！

Jason: Me? What color is his hair?

杰森：我？他的头发是什么颜色的？

Kids: Blond!

孩子们：金色的！

Jason: Blond! Oh yes blond hair! Is he a girl?

杰森：金色的！哦，是金色的头发！他是个女孩子吗？

Kids: No!

孩子们：不是！

Jason: Is he a boy?

杰森：是个男孩吗？

Kids: Yes!

孩子们：是！

Jason: Is he a teacher?

杰森：他是老师吗？

Kids: Yes!

孩子们：是啊！

Jason: What does he teach?

杰森：他教什么？

One kid: English.

一个小孩：英语。

Jason: English, oh! Hmmm, does he have a big nose?

杰森：英语，噢！嗯……他鼻子大吗？

Kids: Haha no.

孩子们：哈哈哈大笑，没有……

Jason: Does he have big feet?

杰森：他脚大吗？

Kids: Yes.

孩子们：大。

Jason: Big hands like this?

杰森：像这样的大手？

Kids: Yes.

孩子们：是啊。

Jason: Does he play piano?

杰森：他弹钢琴吗？

Kids: No...Yes.

孩子：不弹……弹的！

Jason: Oh, I don't know.

杰森：噢，我不知道呢。

Kids: Yes!

孩子们：你知道！

（这样杰森与孩子们一起唱起了孩子们自己发起创作的歌词）

Jason: (singing) Oh! Do you know Jason Laoshi, Jason Laoshi, Jason Laoshi? Do you know Jason Laoshi? He works at the Little World.

杰森：（唱歌）噢！你认识杰森老师吗，杰森老师，杰森老师？你认识杰森老师吗？他在"小世界"工作。

Kids: (singing)

孩子们：（唱歌）

……

    这堂欢乐的课让我们看到了孩子们的创作行为，看到了孩子们开启的大片时间里创造歌词与课堂对话的新局面。在这样的教学活动中，在教师的引导下，出现了孩子们自发自觉创作歌词的课堂创造行为。在一个孩子接力教师创作的引领下，孩子们都加入到了课堂创造中。在孩子们的带领下，大家唱起了自己创作的歌词，以自己的老师作为素材，从而达到了创造性学习的高峰。在进一步分析研究中，当我们再次回顾孩子们创造性表现的过程时，我们发现了一个这样的创造路径。

    教师自然而然地与学生问好，直接开始上课（教师带领下弹唱一首学过的歌）。学生跟着教师唱歌，教师先开始对歌词稍做细微的改变。比如，教师的歌词从问到答：你认识那个卖松饼的人吗？——是的，我认识那个卖松饼的人；再进一步做细微改变，把歌词当成问话，你们认识那个卖松饼的人吗？之后，点名问学生："亨利，你认识那个卖松饼的人吗？"杰森继续对歌词做细微的改变，把"我"变成了"我们"（"我们"认识那个松饼人），接着，杰森做出了一个较大的跨越，改变了之前一直用已知歌词对话或对歌词进行局部改变的模式。教师用孩子们身边熟悉的，正在教室里工作的其他教师与工作人员，比如把阿姨都编入了歌词与课堂对话。对歌词进行全面替换，并以此素材创造了对话。在教师这样一步一步的铺垫与带领下，孩子们终于踏上了创作的旅途，形成了课堂转折点，开启了孩子们自发创造以前从来没有的歌词与课堂对话。孩子们的创造行为始发于一个孩子，这个孩子首先自己主动把杰森老师编到了歌词里唱起来，接着其他孩子一起加入进来。杰森老师顺势以孩子开启的素材进行了很长时间的课堂对话，创造出了没有教材的，以教室里的人物为素材的对话内容和歌词。他们谈起了自己创造的以老师为对象的话题，唱起了孩子们自己提出的歌词，达到了创造的顶峰，这个高峰持续很长时间，几乎占了这堂课的一半时间以上，形成了一个师生共同持续创造的高峰平台现象。这个创造路径，始于教师对熟悉的内容进行创造性表现与改变，这种改变把孩子逐步带到了一个自主创造的局面。这个课堂创造的内容是全新的对话与全新的歌词。开始时教师带领，孩子们配合，后来是孩子们接力创造出教师没有创造出的内容。这是一个师生合作共同建造出来的新课堂。这样的教学中，教师创造性的引导是孩子们上升到创造性表现的主要力量，教师与孩子自然而友好的关系也是生成这种高峰愉悦创造体验的基础。这个视频中，教师改变与创新占一半的时间，孩子们接力创造新内容占了另一半时间。前后一起构成了一个全面创新的最具创造力的课堂新局面。

　　基于这个创造性课堂的数据，我们绘制了一个创造性学习曲线图，建构了一个创造性课堂中学生有创造性学习的曲线模型。这个创造性学习曲线图里，纵向表示师生的创造性表现程度，即课堂里，教师与孩子们创造生成新内容的数量；横向表示课堂时间（以该视频为例）。我把这个创造性教学与学习曲线路径分为四个阶段。这四个连续阶段分别是创造零点阶段，局部改变阶段，跨越上升阶段，以及学生全面接力创造的高峰平台阶段。这四个阶段构成了一个课堂创新的基本模型，这样的创造性课堂主要特点是最大限度引发了孩子创造性的学习，因此，我把它叫作创造性学习曲线图。具体结构图示如下：水平方向是课堂学习时间（共 7 分 20 秒的课堂视频），垂直方向是师生创造性表现程度，也即创造内容量（从教师细微改变歌词内容到教师全面改编歌词内容，加上一个学生自发改编歌词引发的师生共创歌词与对话内容）。

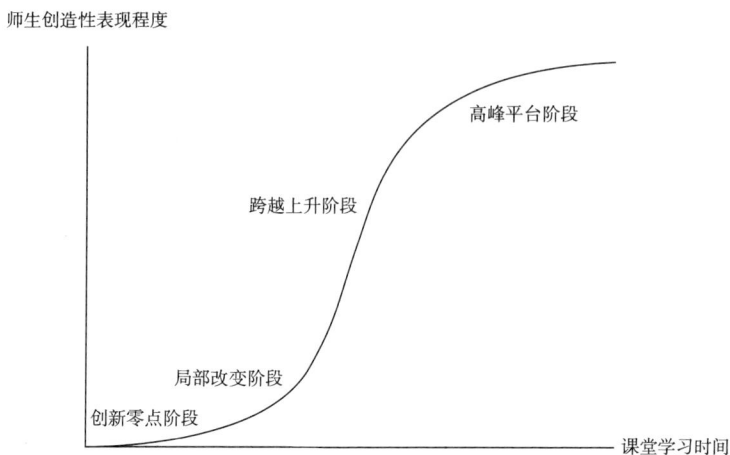

师生创造性表现程度

高峰平台阶段

跨越上升阶段

局部改变阶段

创新零点阶段

课堂学习时间

创造性学习曲线图

　　这个创造性学习的曲线从创造的零点开始，接着进入教师开启的细微与局部改变阶段，然后进入教师不断大量创新学习内容的跨越上升阶段，一直到孩子接力开启创造新的内容，达到高峰平台阶段。创造零点是课堂开始一到两分钟时，教师从熟悉的内容出发，从孩子们已经学过的熟悉的歌曲开始，之后随着教师启动局部改变与创新，对熟悉的歌词做局部改变，学生开始应和教师的改变，接受教师创造出的新内容；教师进一步利用生活素材，全面改变与创新学习内容，把教室里的老师创作到歌词里，起到跨越提升的作用。一直持续到一个孩子开始主动接力创造，把教师创作到歌词里，形成全部孩子参与支持创新的局面。孩子开启的全面创新内容使整个创造过程到达了高峰。在教师的支持与配合下，持续了较长时间，是整个创造进程中持续时间最长的阶段。我们可以通过这个曲线图，把整个创造性教学与学习进程的四个阶段，以慢镜头方式再放一遍，我们从创造零点开始。

创造零点阶段：杰森老师开始唱起以前教过的歌，从熟悉的内容出发。

Jason: (begins playing piano and sing) Oh! Do you know the muffin man, the muffin man, the muffin man? do you know the muffin man? Who lives on Diary Lane?

杰森：（开始弹钢琴唱歌）噢！你认识那个卖松饼的人吗？卖松饼的人，卖松饼的人。你认识卖松饼的人吗？他住在德鲁里巷。

Kids: (singing with him)

孩子们：（和他一起唱）

局部改变阶段：杰森老师开始把孩子们熟悉的歌词做细微变化，第一个改变是在歌词一字不改的情形下，先把歌词变成对话问句。

Jason (asking): Do you know the muffin man?

杰森问：你们认识那个卖松饼的人吗？

Kids: (very happy) Yes！！

孩子们：（非常开心地回答）认识！

在孩子们能跟进的情况下，杰森老师继续在熟悉的歌词上做变化，他把歌词从问句（"Do you know the muffin man?"）改变成回答句（"Oh, yes I know the muffin man."）唱出来。

Jason: (playing piano and singing) Oh, yes I know the muffin man, the muffin man, the muffin man. Yes I know the muffin man, who lives on Diary Lane.

杰森：噢！是的，我知道那个卖松饼的人，那个卖松饼的人，那个卖松饼的人。我认识那个卖松饼的人，他住在德鲁里巷。

Kids: (singing along)

孩子们：（跟着唱歌）

杰森老师再次把歌词变成对话与问句，点名叫一个孩子回答。

Jason: Henry, do you know the muffin man?

杰森（问）：亨利，你认识那个卖松饼的人吗？

Henry: Yes.

亨利（孩子流利地回答）：认识。

在这个对话的基础上，杰森老师发现孩子们对改变的内容接受良好，于是他把以上对话变成了歌词继续唱。紧接着，他继续对孩子们熟悉的歌词稍做个别字词的改变，把"我"变成了"我们"。

Jason: Good.Oh yes we know the muffin man, the muffin man, the muffin man.Yes we know the muffin man, who lives on Diary Lane.

杰森：好的。噢，我们认识那个卖松饼的人，那个卖松饼的人，卖松饼的人。我们认识那个卖松饼的人，他住在德鲁里巷。

Kids: (singing and waving arms)

孩子们：（唱着歌，挥着手臂）

跨越提升阶段：杰森老师在局部细微改变的情况下，在确认孩子们没有任何困难的时候，进而跨出了较大的一步，把教室里的老师与工作人员加入了歌词，全面改变了孩子们熟悉的歌词与对话内容，把生活素材应用到了对话里，把熟悉的歌词全面改编成生活内容，创造出了全新的课堂内容，以下内容造就了曲线图上的陡坡部分。

Jason: Oh! Do you know Yuki Laoshi, the Yuki Laoshi, the Yuki Laoshi? Do you know the Yuki Laoshi? She works at the Little World.

杰森：（继续问）噢！你认识Yuki老师吗？（教室里的其中一位教

师），Yuki 老师。你认识 Yuki 老师吗？她在"小世界"工作。

Kids: (Looking towards the two other teachers)

孩子们：（看向其他两个老师）

杰森继续把教室里的老师与工作人员创作到歌词里去……

Jason: Hey Ayi.Where is she?

杰森：嘿，阿姨！阿姨在哪里？

Kids: Over there!

小朋友：在那里！

……

高峰平台阶段：在教师局部改变与跨越发展的牵引下，在利用教室的三位工作人员作为创作素材搭建的全新内容的阶梯上，孩子们自己跨出了一大步，产生了接力创新，达到了孩子们开启的创作顶峰。一个孩子突然自发把杰森老师放进了歌词里，开启了孩子们自发创造的新局面。

One Kid: Do you know Jason Laoshi, Jason Laoshi, Jason Laoshi!

一个孩子（自然冒出一句）：你认识杰森老师吗？杰森老师，杰森老师！这时，其他孩子加入，一起加入唱起：

(All kids sing) Do you know Jason Laoshi, Jason Laoshi, Jason Laoshi!

整个课堂进入到一个孩子引导的全面创新的高峰平台。在这个孩子接力创造、孩子全面起来创造的顶峰上，为了使孩子的首创得到可持续发展与支持，杰森老师加入进来协同创作，使孩子们的接力创作持续下去。

Jason: Oh, Jason Laoshi? I am not. I don't know him.What does he look like?

杰森：我才不是。我不知道他是谁。他长什么样？

Kids: You！！

孩子们：你是杰森啊！

孩子开启的创新高峰在杰森老师的配合下，持续了较长时间，比前面任何一个阶段持续的时间都长，形成了一个创造高峰的景象，产生了以下全新的对话，构成了全新的课堂内容。

Jason: Me? What color is his hair?

杰森：我？他的头发是什么颜色的？

Kids: Blond!

孩子们：金色的！

Jason: Blond! Oh yes blond hair! Is he a girl?

杰森：金色的！哦，是金色的头发！他是个女孩子吗？

Kids: No!

孩子们：不是！

Jason: Is he a boy?

杰森：是个男孩吗？

Kids: Yes!

孩子们：是！

Jason: Is he a teacher?

杰森：他是老师吗？

Kids: Yes!

孩子们：是啊！

Jason: What does he teach?

杰森：他教什么？

Kid: English.

一个小孩：英语。

Jason: English, oh! Hmmm, does he have a big nose?

杰森：英语，噢！嗯……他鼻子大吗？

Kids: Haha no.

孩子们：哈哈哈大笑，不大……

Jason: Does he have big feet?

杰森：他脚大吗？

Kids: Yes.

孩子们：大。

Jason: Big hands like this?

杰森：像这样的大手？

Kids: Yes.

孩子们：是啊。

Jason: Does he play piano?

杰森：他弹钢琴吗？

Kids: No...Yes.

孩子：不弹，弹的！

Jason: Oh, I don't know.

杰森：噢，我不知道呢。

Kids: Yes!

孩子们：你知道！

在这个创造高峰平台上，在杰森老师的启发下，孩子们自然流畅地用丰富的语言愉快而高兴地说着唱着自己身边的事情，创造出新的课堂内容。这堂课里，他们主要谈论的是教室里孩子们认识并且熟悉的人物。杰森老师弹唱的新内容有旁边的其他老师，比如 Yuki 老师，安老师以及教室里的阿姨。在老师这样的带动下，孩子们自己主动唱的新的内容也是他们熟悉而喜爱的杰森老师。杰森老师借题发挥，引导孩子们参与到关于杰森老师的对话。这样，师生一起创造出了前所未有的大量对话内容，从而锻炼了孩子们的想象力、观察力与沟通表达能力。在这个创新周期持续足够时间后，杰森老师开始引导新的创新周期，他开始唱起另一首歌曲。

Jason: (playing piano and singing another song) Good afternoon everyone! Good afternoon, good afternoon, good afternoon, happy to see you. Good afternoon, good afternoon, good afternoon to you, mua!

杰森：（弹唱）大家下午好！下午好，下午好，下午好，很高兴看到你。下午好，下午好，对你说下午好，mua！

Kids: (singing and mua)

孩子们：（唱歌，飞吻）

（同一课堂的下一个创造周期转录材料见附录）

杰森老师的课堂就这样一个创造周期接一个创造周期持续下来。这样的课堂创造周期曲线体现出了前面提到的四个明显步骤或环节，即创造零点阶段、教师开启的局部改变阶段、教师引导的跨越上升阶段，以及学生接力创造的高峰平台阶段。从这样的创造性课堂的范式中，我们可以发现前三个步骤都是教师开启的创造性的表现，即教师逐步改变和全面创新歌词，以及创造对话。这为孩子主动自发参与创新搭建了阶梯，孩子一步一步地上升到了一个地方，开始自己主动把杰森老师唱到歌曲里，形成了一个孩子接力全面创新的平台，教师谈的和唱的都是利用教室里的现有资源原创的内容。在利用熟悉的环境里的人物创造新的学习内容的台阶上，把孩子们带到了孩子自己也能提出新的内容，终于使课堂创新持续了较长时间，产生了内容丰富的创造性教学与学习表现。这为我们认识创造性教学，以及如何促成孩子的主动创造性表现提供了重要的原始材料。

　　这个创造性课堂也为我们认识创造性课堂的生态特征提供了重要依据。首先，创造性的课堂里既有大量的改变行为，也有流畅连贯的全新内容的出现，其中学生的创造性行为非常突出，所占比例很大。虽然创造性课堂要以孩子们学过的内容为基础，比如学过的歌曲与英语单词或句子等，但它不是重复学过的内容，也不是反复练习书本知识，而是运用学过的知识，即教师开始对孩子们已经学过的熟悉内容进行改变，当改变达到一定程度后，全面启用新的内容。在此基础上，学生接力创造出全新的内容。我们从杰森老师的课堂进程可以看到，创新零点阶段就是课堂开始时，师生开始唱学过的歌曲，但只唱了一遍。杰森老师就开始运用与改变熟悉的歌词，进入到创新开启阶段，把歌词变成了对话来问孩子们。在孩子们回答得上的基础上，杰森就开始对歌词进行细微的改变，继续把歌词变成对话。在学生跟进没有困难的情况下，他把教室里的人物作为素材，进行全新的内容创造，形成了创新跨越阶段。在这个全面创新的基础上，一个孩子的创新开始出现。其他孩子接力继续进行全面创造，出现了持续和连贯的创造全新内容的高峰局面。这样，就创造出了大量新的对话与歌词。在新的对话里孩子们运用了学过的很多语言知识，比如，teach，teacher，English，over there，boy，girl，big nose，big feet，big hands，piano，black hair 等大量词汇。孩子们创造的歌词，比如，"Do you know Jason Laoshi，Jason Laoshi..."也是在利用这个熟悉的疑问句型的基础上进行的运用，改变与创新就是最基本的创造性的行为，构成了创造性的教学与学习路径。当这些行为持续发生就创造出了连贯的、系列的全新内容。杰森7分多钟的课堂视频都是在这样的创新与运用活动中进行的。

　　这个我们界定为最有创造性表现的课堂直接可以从课堂上创造的新内容量与创新持续的时间看出来，在这个为期7分多钟的课堂视频里，几乎全部时间都在改变与创造新内容的进程中。其中，孩子开启的创新高峰平台阶段占了整个视频时间的一半以上，除了创新零点阶段外，其余的时间都是教师开启细微变化，跨越启用新内容以及孩子自发接力与教师协同创新的内容。也就是说，这个课堂里，绝大多数时间都是教师开启与孩子主导创造新内容的时间，因此，它也最大限度地创造了最多的新内容与最长时间的创新局面，形成了我们近几年研究中发现的最具创造力的一堂课。

　　与其他较有创造性表现的课堂相比，这堂课出现了连贯的、流畅的新的创造性表现。比如，与我们参观过的其他所有课堂相比（多数是英语课，英语与音乐课结合的课），其他教师的课堂偶尔也出现孩子说出教师没有准备或提到过的内容，或者基本都是重复教师准备好的教学内容，像杰森老师这样大量而又流畅的创新课堂内容的还是很少的。研究中，我们同时还仔细分析了其他两位较有创造力的课堂，我们分析的这两位教师的教学视频时间与杰森老师的差不多长度，都是7～8分钟时间，视频来源于同一个幼儿园。但是，课堂中孩子们创造的内容数量与持续创新时间不同。其他两位老师，一位是陈老师，另一位是汤姆老师。与这两位老师的课堂相比，杰森老师的课堂除了学生创造新的内容最多，持续创新时间最长外，还有其他不同之处。与陈老师的课相比，杰森老师没有花任何时间进行纪律训练，而陈老师开始上课时就用了一分多钟时间做纪律训练。陈老师是这样上课的。

当孩子们在教室里自由走动玩耍时，陈老师首先播放《致爱丽丝》钢琴曲示意孩子们即将开始上课。音乐停止，开始上课。陈老师拿来一个准备好的纸箱子，学生围一圈坐下。继陈老师用一首乐曲暗示上课即将开始后。接着与孩子们一起做开始上课的约定动作。

老师：（挥舞手臂画圈状动作，同时唱）啦啦啦啦，噜噜噜噜。

孩子们：（跟着老师说）啦啦啦啦，噜噜噜噜。

Be...？

老师：（把手指放嘴唇上示意安静，接着说）Be...

Kids (following up with the other word): Quiet!

孩子们（喊出）：安静！

老师与孩子们用他们约定的动作与吟唱作为信号，让孩子们安静下来，准备上课。这个示意上课环节用了一分钟时间。在老师示意与提示下，孩子们脱口说出"安静"二字。在此基础上，老师继续用约定动作训练孩子们。

Teacher: (clapping hands, patting on the knee, feet and head)

老师：（拍手，拍膝盖，拍脚，拍头）

Kids: (following teacher)

孩子们：（跟着老师做）

Teacher: Be...?

老师：要?

Kids: Quiet!

孩子们：安静！

　　再次示意孩子们说出"安静"二字后，老师才开始上课。这里明显可以看出，陈老师上课似乎有个条件，就是要学生安静下来，都坐好。孩子脱口而出的"安静"二字，加上陈老师与孩子们一起进行的熟练约定动作表明，孩子们受这样的训练已持续了一定的时间，而不只是这堂课才有的偶发现象。开始上课时，无论学生是否安静，都要进行这样的训练后才开始上课。陈老师用一分多钟的时间来训练与暗示孩子们上课需要安静，这说明了陈老师比较强调纪律训练。为了约束孩子们积极好动的习惯，营造孩子们仔细听课，陈老师对孩子们进行了系列的训练。而这个纪律阶段在杰森老师的课堂里是没有的。杰森老师一开始就直接弹琴唱歌，与孩子们一起唱起教过的歌曲，孩子们在老师开始后也陆续开始进入上课状态。可见，杰森老师善于利用孩子的积极性而不是对其进行干扰与抑制。在纪律要求方面，我们发现陈老师的课堂里，孩子发言时，先举手等老师点名后才能开口。这样的课堂纪律要求下，孩子不仅不容易养成自主发言的习惯，而且容易抑制源自孩子的"冲动"参与的积极行为（initiative）。

陈老师花了一分多钟时间进行纪律训练之后，才开始提出学习内容。

Teacher: (raising up the box) What's this?

老师：（举起箱子）这是什么？

Kids: Box.

孩子们：箱子。

Teacher: Yes! It's a mystery box. Do you know what's inside of this mystery box? Ok, listen (clapping the box and singing) Mystery box, mystery box, what's inside of the mystery box? What's inside of the mystery box? Oh...You didn't see.So, once more, Ok? One more time. (clapping and singing again) Mystery box, mystery box, what's inside of the mystery box?

老师：对！这是个神秘箱子。你们知道里面是什么吗？好，听好，（边拍箱子边唱）神秘箱，神秘箱，神秘箱里有什么？神秘箱子里有什么呢？哦，你们没懂。再来一次。（边拍手边唱）神秘箱，神秘箱，神秘箱里有什么？

Kids: (following the teacher and chanting) Mystery box, mystery box, what's inside of the mystery box?

孩子们：（跟老师一起唱）神秘箱，神秘箱，神秘箱里有什么？

教学正式开始，陈老师用一个纸箱当教学用具，通过让孩子们猜测箱子里有什么东西的方式来让孩子们运用学过的英语单词。孩子们也跟着老师说"Mystery box, what's inside of the mystery box"（神秘的箱子，神秘的箱子里有什么呢？）

Teacher: Do you know what's inside of the mystery box? Do you know? Who can guess? Who can guess?

老师：你们知道这个神秘箱里有什么吗？知不知道？谁能猜猜？谁来猜猜？

Kids: Yes! 我知道！(raising up hands)

孩子们：嗯，我知道！（举手）

Teacher: Xiaokai, can you tell me what's inside of the mystery box?

老师：小凯，你能告诉我神秘箱里有什么吗？

Girl 1: (standing up) Green butterfly.

女孩1：（站起来）绿蝴蝶。

Teacher: Ohhh, green butterfly. Tell me, what's inside of the mystery box?

老师：哦，绿蝴蝶。告诉我，神秘箱里有什么？

Boy : Three flowers.

男孩：三朵花。

Teacher: Ohhh, three flowers.

老师：哦哦哦，三朵花。

Girl 2: White flowers.

女孩2：白花。

Teacher: Ohhh, white flowers.Stella?

老师：哦哦哦，白花。Stella？

Stella: fish.

Stella：鱼。

Teacher: Ahh, fish! Sam?

老师：啊，鱼。三慕，你觉得呢？

Boy: Yellow flowers.

三慕：黄花。

孩子们说出几个单词，比如："green butterfly，white flower 和 fish"。学生通过猜测箱子里的内容时，说出了一些学过或新的东西，在一定程度上也很有创新内容。这样的课堂如果再放开一点，也有很大的创新可能。比如，用纸箱作为教具与孩子们玩猜猜看的游戏来学习。如果教师不局限孩子说出她放在箱子里的内容，也不一定要孩子们猜中箱子的内容，而是开放让孩子们竞猜，甚至让孩子们应用已学过的内容时，通过适当的引导发挥，这样的课堂其实是可以创造出大量的自然流畅的内容的。但是，这堂课没有出现持续与大量流畅的协同创新的局面，与陈老师课堂相似的地方，汤姆老师的课堂，反复练习的内容也是其准备好的内容，源于孩子们的话语特点也是以单词为主。汤姆老师把家庭成员的英语单词写在纸上，比如"mother, father, sister, brother"套在五个手指头上，把这些编成歌词来教，一堂课里孩子们主要学习这些内容。陈老师与汤姆老师教学的相似之处是他们都有预先准备的教学内容并严格执行教学计划，没有开放孩子发挥的空间。我们发现多数老师上课都有这样的问题。这可能与学校的统一要求有关系。上课时间就是教师带领学生们重复老师准备好的单词，而没有大量即兴创造新内容的情景。

当我把杰森老师与陈老师的教学视频在教师培训课程中，放给其他老师们观摩，并让他们发表观感时，从他们的感言中我听到了自己在研究中不曾注意到的一些细节。一位教师看完视频后说："杰森老师把那个朝夕相处的阿姨编进歌词，他先用中文，后来用的英文，使用双语对其进行了巩固。"还有位教师说："我觉得杰森老师的教学是嵌入式教学，杰森用那个阿姨的片段是把生活嵌入到了教学。""朝夕相处"与"把生活嵌入到教学"这样的观感强调的是儿童教学内容需要借助日常生活的基本元素让孩子有感知效果。因为日常生活是孩子们耳濡目染的，是儿童最直接的认识世界与学习知识的方式。如果一个教师能够把日常生活内容嵌入到课堂教学中，帮助学生学习语言或数学，就是教学直观化的表现，他一定是懂教学的老师。

有位教师还发现陈老师的课堂有一个细节。有个小女孩很激动，想冲上去抱陈老师手中的那个箱子，但是陈老师把她推开了。继续解释这个细节，这个老师说这就让人感觉老师在掌控一切，想一切都在自己的安排之中顺利进行。但是，作为研究人员，我是在这位老师的提示下才注意到这个细节。陈老师也不一定是有意要掌控一切，很可能是一种无意识行为。但是陈老师可能自己都没意识到她的一些教学行为可能抑制了孩子们主动参与的积极性。从她开始上课时的纪律训练，上课时引导孩子们自己说出"安静"二字，暗示孩子们安静下来上课，到她提问后需要点名孩子们才可以发言，再到前面这位老师发现孩子很激动想去抱陈老师手中的箱子，陈老师却把她推开了。陈老师的这些做法与我们观察到的大多数老师一样，是按幼儿园或学校要求的计划好的教案进行上课。我们在幼儿园研究期间，注意到幼儿园有这样的要求，这也是我国教育中学校普遍的教育现象。陈老师上课的主要细节还不在于此，而在于她长期的纪律训练很可能抑制孩子的积极参与和冲动发言，这样的课堂不是随孩子们能达到的状态而进行的。也就是说陈老师还没有意识到她需要学会为孩子搭建平台，让孩子来引领课堂学习。如果以杰森老师的课堂作为参考的话，陈老师的教学仍有可以改进的地方。她在邀请孩子参与时，猜箱子里有什么的游戏引起了孩子们的兴趣，这个时候她可以继续开放与鼓励孩子们的积极参与，悦纳孩子们的活跃表现，这样孩子们才会主动与她一起创造更多新的课堂内容与愉快的学习体验。我们发现，陈老师可以改变抑制孩子积极冲动情绪的习惯。理性虽然不是孩子天性与积极情感的对手，但是与孩子的共处中，不需过于强调或进行纪律训练，还要顺着孩子天生的纯真、好奇、快乐和信任的天性而进行教学活动。她需要更细心、更主动地维护、欣赏与享受孩子的主动参与，这样才能与孩子一起进入高峰的创造体验。陈老师也不需要习惯性地担心孩子热烈参与后出现课堂不好控制的局面，而是需要更清楚地知道孩子的积极参与是形成课堂全面创新的重要环节，应允许孩子表达兴奋与积极的心情，这样他们才有接力创新的冲动与安全感，这应该是她需要创造出来的课堂景象。孩子无论是在课堂上，还是在其他活动中欣喜与愉悦参与就是他们纯真感情的表现，也是他们特有的积极活跃的生命力。这是教师需要懂得爱护、欣赏与享受的最好的学习动力。当教师能欣赏与感受到孩子的纯真时，才能用自己的天性与孩子融洽相处，孩子才有与教师共同创造高峰体验的愉悦学习。

在讨论中，还有教师指出，在杰森的课里，学生学习存在模仿，教师教的一个经典句型是："Do you know...？"学生自己创造的句子也是："Do you know...？"这是这堂课重要的转折点，是最关键的地方，但这不是简单模仿，也不是背诵。这实际上是孩子冒出来接力创造的一个转折点。孩子观察教师的活动足够时间后，就能接力创新，以"Do you know Jason Laoshi？"这样的基本结构接力创造。教师立刻支持这个孩子，通过一句应和的话："Oh，Jason Laoshi"，对孩子的回答产生了兴趣。这个学生刚开始的声音很小，当得到老师的支持之后，这个孩子的声音大了，之后其他的孩子也跟着一起唱起来。这时，这个孩子就是关键，就看教师有没有这个敏感度去发现他接力的意义。还有老师说："喜欢老师用音乐的方式，用一种模板的形式来创造一种快乐的氛围，而不是死板僵化的。在这种自由的氛围里，孩子会更喜欢学习，更有创造力。"自由自在的学习，就是教师需要创造的东西，轻松的氛围会使孩子快乐。大家都在做自己的事，要将这些学习事当成自己的事，这就是教师让学生成为主人翁的表现。

与陈老师与汤姆老师两个不同的是，杰森老师没有明显准备学习内容，而是以已经学过的知识与现实生活中孩子们认识与熟悉的人物为媒介，并把他们用到歌词与对话中，也把他们自己介入对话中。杰森和亨利的对话就是这样。

Jason: Henry, do you know the muffin man?

杰森（问）：亨利，你认识卖松饼的人吗？

Henry: Yes.

（孩子）亨利：认识。

杰森老师继续用现实中的人物作为创造素材，把英老师与 Yuki 老师等作为创作基础。

Jason: Oh, Yuki Laoshi! Oh! Do you know Yuki Laoshi, Yuki Laoshi, Yuki Laoshi? Do you know Yuki Laoshi? She works at the Little World.

杰森：（继续弹唱）噢，Yuki 老师！噢！你认识 Yuki 老师吗？Yuki 老师，Yuki 老师，你认识 Yuki 老师吗？她在"小世界"工作。

Kids: Yes！！

孩子们：认识！

孩子们学会了用杰森老师作为素材来创作了，其中一个孩子自发冒出这样的歌声。

One Kid: Do you know Jason Laoshi, Jason Laoshi, Jason Laoshi?

一个孩子：你认识杰森老师吗？杰森老师，杰森老师！（其他孩子都跟着唱起）

可以说，在熟悉知识的基础上，利用孩子们生活中熟悉的人物与事物作为教学对话与内容，这本身就是教材上不可能有的，也不需提前准备的，而是需要教师即兴与临场发挥。这样，学习内容对孩子来说也是真实自然的，因此不需要背诵。学习本身就是一系列的改变、应用、全面创作与创新，而不是简单背诵。他们重复的都是那个疑问句型，这个熟悉的句型是教师与学生创造新内容的基础平台。这些句子里的内容都是临场发挥的新的内容，而不是学过的旧内容。在创造新内容中，孩子们体验到了欢喜与专注等情感。这使孩子们受益良多，有助于他们感受到全神贯注和坚持努力带来的愉悦情绪。我们还注意到，陈老师的课堂里，孩子发言时，需要举手得到教师的许可再讲话。教师对学生有一定的控制力与约束，孩子在一定程度上失去了自由发言的机会。这样，也可能抑制了孩子讲话的冲动和自主创新的主动性。而杰森老师没有命令孩子做什么，他的课堂气质就是我们在第二章讲到的 "no order，low authority" 的低权威、高参与的没有点名后提问，也没有明显的教师命令的教学特点。在这样的课堂关系中，学生与教师互动既自然又自如，似乎大家都是课堂的主人，师生参与课堂也是自然而然，同时又是愉快的事情。由于教师一直在改变，不断注意孩子是否跟上，孩子总是处于悦纳教师的改变，并表现出极大的兴趣。如果教师提问后，学生需要举手才能说话或是老师点名命令孩子回答问题的话，这个课堂气氛就变了，孩子们也许就不会主动讲话参与了。因此，这种情况下，教师应该利用支持自发参与来引发学生主动参与的办法。

因此，我们之所以觉得杰森老师的课堂很具有创造力表现，不仅因为这个课堂教师改变与创新的内容多，主要还是因为孩子开启创新的内容最多。杰森没有花时间做纪律训练，让孩子产生条件反射，在信号之后安静下来上课。他是自然而然直接上课。他这种弱化管辖与约束的教学有利于鼓励孩子的自发与自主参与课堂创造。第二，杰森善于用生活素材，而不是让孩子重复准备好的内容和反复背诵学过的内容。孩子可以在教师带领下，借生活素材，直接对话，创造新内容。杰森的课堂出现了一种无纪律训练、无书本教材、无反复背诵课文的"三无"低消耗的有效课堂生态，产生了一种全部孩子高度参与和全面创新的课堂局面。这样的课堂生态表现出了一幅教学真实自然与生活化的景象。学生与教师都能够专注于当下，倾听彼此的声音，尊重彼此的想法，观察彼此的感受，进行真实而不是虚拟的沟通。加之，在杰森的课堂里，孩子讲话发言不需要举手，教师赋予了孩子主人翁地位，容纳孩子的自主发言。在这样的条件下，孩子自主创新才能随时出现。因此，真实与生活化的课堂里，允许孩子有随时参与的自由，最大限度为孩子创造主动参与的条件，孩子才能走向主动提出新的学习内容，发挥创造潜力的境界，拥有愉悦与表达冲动的高峰体验（马斯洛，2013）。当然这与教师搭建阶梯与创造条件密不可分。

本章建构的创造性课堂生成路径，也可以帮助我们明白其他环境和领域下的创新生成机制。因此，我们在已建构出的创新曲线图的基础上，还可以从不同的角度进一步分析这个课堂创新，发展出具有更普遍意义的创新生成和孵化创新的机制。当下，在人们对创新的研究与诉求中，很少有人去思考或探究创新到底是如何开始或创新从何源起这样的事情。希望对这个课堂研究的进一步分析，我们能够提炼出对创新有更具普遍认识的启示。

　　创新所创造的新内容或作品中的新意是从哪里来的呢？从我们的研究来看，首先，我们发现这堂最具创造力的课堂创新是从改变熟悉的事物开始的。以这堂课为例，是以师生都熟悉的音乐歌曲与歌词内容开始的，教师在熟悉的事物基础上，先是对熟悉的事物稍做细微改变或不同的应用。尤其是这堂最具创造力的课堂创新路径表明，创新源于人们对熟悉的事物的改变，当改变进行到一定程度，就会形成全面改变而出现新局面。通常人们在探索创新的发生时，误以为创新本身直接是从全新的或陌生的事物中来的。全新或完全陌生的事物其实是人们不认识的事物，当人们不知道这些事物到底是什么时，经常对其有好奇心，但是，如果人们对新事物不够熟悉或没有产生足够的认识的话，不容易在自己的思想或作品中出现。一般来说，人们要与新事物产生关系或产生想法的话，还得对新事物有基础的认识与了解，与之熟悉后才能与它建立联系，知道如何与它建立关系等。这样一来，其实这还是要把新事物变成熟悉的事物后，才会产生想法与认知联系。因此，作为创新或创作所需的想法是孕育在事物之间的不断联系之中的。这并不是说我们不应对新事物感兴趣，创新是要对新事物有敏感性，有认识新事物的兴趣与探究新事物的好奇心与观察力。这也是一个熟悉新事物的过程，也是我们产生更多新想法与素材的基础。改变熟悉的事物与认识新事物都是我们产生新意与创意的基础，我们创造出的新思想、新方法、新技术与新作品才可以影响与发展我们熟悉的领域或环境。

　　什么是熟悉的事物，如何从熟悉新的事物中找到新意或产生新想法呢？可以说，我们认识的人，我们的工作、生活与学习等都是我们熟悉的与不完全熟悉的世界。从熟悉的领域中产生新意或新内容却又是很困难的事情。这就是创新不容易产生或人们不容易获得创意的原因，因此，各行业中有较突出创造性表现的人总是少数人。这些人就是善于对自己熟悉的领域进行改变或通过熟悉不同的领域而获得新意或创意的人。从杰森的课堂来看，一首熟悉的歌与生活中的人物就成了创新的基础与素材。创新的开始就是对熟悉的内容稍做改变，改变的方式很多，改变的幅度也有大小，这要与合作的伙伴进行试探与合作，逐步进行更多或深入的改变。比如从唱歌到把歌词当成对话，从改编个别歌词到把歌词全部改编等。在这个过程中，杰森充分利用了教室里的生活素材。这种方法实际上是把熟悉的事物（教室里熟悉的人）应用到另一种熟悉的事物中（学过的歌曲）。孩子们就注意到了杰森老师的这个创作规律，他们也学会了把熟悉的杰森老师编到熟悉的歌曲中。这种把生活中熟悉的人物内容放到熟悉的歌曲中的创作，就是一种以改变为主的创新办法。这样熟悉的事物就变成了旧歌曲中的新的歌词或作品。课堂进行中，杰森老师不断地改变熟悉的内容时，孩子们又有一定的新鲜感与愉悦情绪，他们轻松快乐地参与其中。当杰森老师把教室里的人改编到歌词里后，此时，一个孩子就把杰森唱到歌词里了。杰森老师借题发挥，与孩子们一起饶有兴致地谈起杰森这个人来。在孩子们接力的创作中，杰森老师也是孩子们喜欢与熟悉的人物，因此谈论起来不乏内容，孩子们处于专注而又愉快的创造活动中，乐此不疲。在这个创新案例中，熟悉的事物就成了创新改变的基础，当人们把熟悉的人或事物当成焦点对象时，就会产生大量而又真实的创作素材。这堂课的主要创造方式是灵活运用熟悉的内容来改编歌词，创造出新歌词，以熟悉而喜欢的事物引发出大量新的对话内容等，创造出大量的新的内容。以这种改变熟悉的事物为基础的创新例子很多。比如电影《狮子王》就是把熟悉的人间故事放在狮子的世界中去演绎，让观众产生新鲜感；或与熟悉的人一起相互交流自己从未说过的话或一起探索未做过的事都是创造新事物的基础，是良好的创作与创新源泉。这种以改变或移位为主的创新方式是较为直接而明显的创新模式。

间接而又隐性的创新往往始于人们要在自己熟悉的领域或工作空间实施一些新的想法或理念，这样的创新往往需要一个较长的时间周期。这样的创新虽然始于一个人或少数人，但仍然是一个系统性的问题。这种创新的隐性阶段主要是这些人在一些领域的探究与摸索中有很多悟性，会发现一些问题，加上经验与技术方面的积累，和一些灵感的增加，就会产生一些新的想法，并付诸于行动。对这些人来说，创新始于想做一点不同的事情，或仅仅始于把事情做得更好的愿景，并没有明显的创新意识或意图，人们不知不觉已有创新动机与行动。这样的创新是在进行中逐渐凸显的一个过程。因此，开始时，这些人在自己领域认真工作，不断实行自己的想法。比如，在教育环境下，在不知不觉中，一位教师或学者要实行一个新的教育理念，他需要把这个理念开设成课程，之后才能进入到教室层面与学生一起通过课程内容与教学活动来实施。由于这些理念比较新，或不同于学生的常规或熟悉的学习经历，学生们在不知道或不能充分理解与懂得它的价值时总是有抵触与抗拒情绪，比如会有"你想干什么"或"这样做有什么用"的纳闷与质疑。这又需要认真与学生沟通解除疑惑，并建立一定的共识才能共同协作。因此，通过应用新的教育理念的系列教学创新需要各层面的价值观的沟通，这实际上是一个系统而复杂的过程，也是一个非常日常性的工作。当这些教育活动逐渐产生一些可以进一步沟通或明显的理性认识时，或想引起领域性的效果时，人们需要对它进行反思与提炼，这个阶段往往才有明显的创新意识。

间接创新的系统性还涉及如何引起接力与协同创新的问题。从杰森的课堂创新来看，课堂创新的系统性还需要教师的创造力引起学生协同创造的局面，即学生参与到创造性的课堂中来共同创造。这种共同创造的局面需要双方具有利于创新的相互关系来使双方的创造可持续发展下去。比如，有创造性的师生关系。从杰森这堂课来看，杰森与孩子建立了一种自然、易于合作的关系。这从他走进教室时，孩子陆续像问候熟人与老朋友一样主动与杰森打招呼，"Hello，Jason！"，而杰森一一回应就可以看出来。这样的问候表明杰森老师与孩子们建立了相当熟悉而又平等的关系。这样的关系中，孩子们已经表现出明显的主动性与安全感，没有任何的不安与防御情绪。这种创造性的合作关系是一种双方都开放而又愉快的关系，这种关系是孩子们参与和接力创新通向高峰体验的重要通道。与陈老师的课堂相比，杰森老师课堂里的学生更容易自发而又主动接力老师的创新启动与跨越，把创新推动到更令人专注的全新的愉悦境界。在教学环境下的创新与其他机构环境下的创新一样，不是教师一个人或领导一个人有创新能力就可以的，而是需要教师的创造力带动学生有创造性的表现，当学生能接力创新时，教师还需要知道如何支持，这就需要教师的创造力与教师带动学生创新的领导力。这样的创新持续进行的话可以带来良好的学习与工作情感体验。课堂创新与其他方面的创新一样，需要人们的学习与工作做到兴趣与情感相结合，产生一定悟性后，就可能出现改变的开始。因此，工作与生活中的观察就是人们学习与工作的灵感，这种灵感带来的悟性使人们更清晰与更深刻地看见与建立事物之间的联系，产生新想法，进入良好的循环机制。

因此，从最具创造力的一堂课，尤其是与其他较有创造力的课堂对比分析下，我们可以得到一些具有普遍意义的创新认识。无论是领域性的创新还是个体首发再接力的创新模式，一般是从改变熟悉的事物或熟悉新的事物开始的。比如，一个学者以自己熟悉的研究领域进行长期观察研究以及进行领域性的联系等，或一个机构负责人对自己领域里的不同元素与资源进行调配与组合达到最佳运行状况等，就是把熟悉的事物或工作做出新意或改变。这需要人们有一定的工作热情与兴趣，也需要想象力、技能与执行力等综合因素。这些改变与创新活动要产生新的效果往往需要他人的配合与接力行动等伙伴关系。这样的工作关系其实是创新引领者必须认真建立的一个符合整个当事团队的共同目标与共同利益的价值系统。这堂最具创造性的课堂让我们认识到任何在自己熟悉领域的创新行为都需要一个价值体系的沟通，才能产生主动合作的机制与新的效果，逐渐引起局部或领域性的改变。比如，杰森与孩子们建立的合作关系中，我们观察到杰森注意到孩子们的需求与照顾到孩子们的认知特点，比如，在孩子们喜欢的唱歌中学习，在对熟悉的事物改变中创新，在杰森后半段视频中，我们还注意到杰森与孩子们在学习中玩游戏，孩子们装生病撒娇，杰森给孩子们念咒语驱逐疼痛等，这些对孩子们来说都是很重要的参与基础，这规避了硬性知识学习，也没有陈老师那样的纪律训练和对积极情绪的抑制，杰森使孩子们始终保持愉悦情绪，杰森充分意识到孩子们的需求，并尽量照顾孩子们的喜好与天性，这是孩子们与杰森保持良好的合作共建关系的基础，是孩子们积极投入到杰森课堂的最重要的原因，支持杰森的教学，接力教师创新，还一起进入到持续的愉悦高峰体验（马斯洛，2013）。这种合作中的愉悦学习和有创造性的学习就是杰森与孩子们的共同的价值诉求，这是通过愉悦体验与积极学习的结合有创造性关系来实现的。其次，教与学又是日常事务，在愉悦体验中，日常的事情成了相对快乐的工作与学习。应该说杰森与孩子达成了相当好的价值共识，这可能是他的课堂里孩子创造内容最多，持续高峰时间最长的原因。

因此，无论是直接还是间接创新，尤其是协同创新往往需要与合作伙伴进行系统的价值沟通，搭建系统的价值共识体系，形成良好的伙伴关系，拥有愉悦的工作体验等。

第五章

双语环境下儿童识字阅读
认知特点与想象力的发展

　　前几章，我们分析了幼儿园环境下孩子与教师有创造性表现的一些日常言语与行为特征，并通过案例分析了一个孩子的家庭育儿模式与父母的亲子关系。通过分析孩子在幼儿园课堂上的创造性表现，我们发现积极开放的师生关系是孩子在幼儿园课堂里表现出主动积极的创造体验的重要机制。本章，我从孩子学语言，特别是在母语环境里学英语的经历，来分析与认识孩子在双语环境下识字与阅读的认知特点，联系孩子语言学习与认知发展的特点来看如何发展孩子想象力，以此探究促进儿童语言学习与开发孩子抽象思考力的最佳启蒙教育方法。

　　在"学前儿童语言交际能力发展与创造力开发"的研究项目中，我特意为一个班的孩子们准备了汉语环境下的英语启蒙学习课程，观察了儿童双语学习的认知特点。我们特别研究了儿童在母语环境里学习外语的情形，并注意到儿童语言学习和创造力开发有密切关系。因为，人们，包括儿童的创造性表现形式，其创造力表达与沟通方式主要是通过语言符号或话语行为来进行的。有的人把话语与语言当成是一切想象与创造的表现方式之一，包括用语言、符号与图形等媒介。儿童语言习得与发展情况直接影响孩子的创造力形成与发展过程。反过来，孩子学习语言与日常生活技能，都需要勇气与开放的心态，以及愿意接受新事物与尝试新方法的经历。因此，儿童的语言学习以及经历日常生活本身就需要孩子有创造性的表现。当一个孩子想要表达一个情景或一个意思时，他可以用口头讲述，或画一幅画来表达，可以说，这就是创造性的行为。语言与符号系统是沟通的基本工具与内容，语言符号是最日常的交流媒介。孩子学习与运用语言的基本动力是为了沟通与交流，也是为了生存、成长以及创造。从婴儿只会咿呀发声或哭泣到用清楚的语言来表达，对孩子来说是一个很大的成长与发展。这个发展使孩子的生存变得容易很多，也使养育他的亲人变得轻松很多。比如，婴儿从饿了或痛了用哭声与成人来进行交流，到他学会直接用语言与成人交流是一个很重要，也是很自然的学习过程，也是他们获得独立生存的基础。听、说、读、写基本都是一种以语言为基础的沟通行为。孩子要沟通、成长与创造，就需要先掌握语言与符号这个工具或知识体系。然而，孩子的识字、写字与阅读等启蒙语言学习也需要与孩子的想象力与抽象思考力同时发展，否则，孩子的语言学习会陷入简单的"形式训练"（维果茨基，2010），成为只注重背诵与考试等无意义的形式学习。

我们不难发现，孩子学母语时，一般都是先学会听说，再学会读写，之后才是运用与创造。而且，绝大多数人母语的听说都是在日常而又自然的环境下进行的，比较容易习得；而读写却需要特别的学习才能进行，相对比较困难。现在，很多人照搬学母语的方式让孩子来学外语。比如在我国，孩子学英语通常是盲目遵循学母语的路径。也是先学听力口语，再学识字阅读，完全用的是学母语的一般模式。可是孩子学英语时，日常生活中孩子听见的不是英语，而是汉语。因而没有学母语一样的生活环境与语言资源。如果孩子仅凭一周通过外语教师学习一到两个小时的英语听说，其余时间听说环境都是母语，这样的外语学习在短时期内不会有很好的效果。而孩子的母语学习是通过日常生活的各种刺激，是在生存与生活必需的情况下，用 2 ~ 3 年才基本学会的。当孩子们在汉语的环境里学英语时，大多数情况下是通过学习资料，尤其是通过书面材料与英语打交道。因此，书面与影音材料是孩子们学外语的重要媒介。这与孩子们学习母语的条件有巨大不同。

但是，在没有日常听说环境的帮助下，孩子们学习外语时，识字与阅读比学母语识字与阅读要困难得多。这是因为，孩子学母语是先会听说，再学读写，在会听说的基础上，学读写就容易一些。而学外语时，实际上是听说、识字、写字与阅读全部几乎同时进行。在本研究中，我们对 5 ~ 6 岁的幼儿园大班孩子进行了这样的外语学习设计与研究，让孩子听说与识字同时进行，还加上写字与简单阅读的内容。在为期半年的时间里，我们发现，孩子们的外语学习能力与兴趣都得到了良好发展。

　　此外，我们也发现，了解语言文字本身的特征可以帮助孩子更好地学好外语。几乎所有语言，包括英语都是带读音的。声音是语言表达的基础特点之一，有韵律与节奏。利用语言的韵律与节奏有助于孩子学习与认识书面语言。比如，要教孩子认识大小字母"A"和"a"，可以从听与说开始，同时与识字和写字一起进行。辨音是帮助识别图形的一种方法，就像通过声音识别一个人一样。字母"A—a"的发音是其区别于其他字母或文字的重要特点之一。这样，认字与听音就直接联系起来了。"A"的发音加上形状是孩子们认识它的基本认知资源。虽然识字实际上是通过眼睛识别这个字的形状，但却可以借助于发音的不同来帮助认识不同的字母或文字。这样一来，听与说成了识字的一个环节，而且是重要环节。英语这种语言的发音与文字是密切相关的，这样的语言启蒙学习方法对英语语言学习尤其有效。孩子初学英语，在识字与写字的学习过程中，发音与字母形状都很重要。教儿童学习语言的教师要学会借助语言的发音韵律，充分利用语音语调等基本声音元素，甚至是音乐的节奏来帮助孩子初学语言，这对母语与外语学习一样有好处。

　　这样一来，识字就不只是眼睛的事，虽然也是识别（比如我们可以把"A"放在其他字母中，让孩子把他找出来），但识别中，听音辨析也起很大作用。孩子在学习英语的过程中，很喜欢有节奏感的东西，比如韵律简单的吟唱，歌曲学唱之类的，朗朗上口的节奏感能够帮助语言的学习。如此一来，耳朵辨音与眼睛看形，嘴巴说唱都可以同时进行，如果加上动手写画的话，孩子初学语言时，听说、识字与写字都一起进行，利用他们身体各种感官同时进行，这样连续进行一段时间，学习效果就非同一般。

随着说话、识字与阅读的语言能力的发展，孩子往往可以逐渐获得独立生存的能力。比如，婴儿学母语时需要借助各种表情，哭与笑，音量以及动作幅度等作为语言来帮助表达。同时，这些声音与身体语言是孩子建立与事物之间联系的开始，都是孩子学习语言与沟通信息的线索。可以说这是孩子已有的认知基础。口语与其他身体语言都有助于开启孩子识字与阅读的学习。要发展孩子识字与阅读能力，一方面需要在沟通中借助身体感知，这些身体语言，比如上面提到的发音，就是帮助孩子识字的一种办法，孩子识字是需要有他人来为其提供认知资源，比如帮他发出声音，或写出字的形状等。另一方面，随着识字与阅读能力的发展，他们也会逐渐减少对他人身体语言的依赖。比如，当学到一定程度，孩子就不再需要通过成人阅读与讲述来获取故事信息与知识信息，而是直接通过自己的阅读来进行，这样的语言学习实际上增加了他们独立生存的能力。

孩子的语言学习过程也是逐渐摆脱稚气、变得成熟的过程。孩子开始识字阅读时，就开始接触书面语言，上小学时，开始写字就是把口头文字书面化的过程，这也是孩子向成熟发展的开始。区别于口语，书面语的特点之一，是它比较正式。如果家长与教师了解书面语与口语的不同特点，就可以把这种知识或意识转化成教学资源，而且可以让孩子的启蒙识字阅读变得容易许多。家长和教师可以为孩子搭建通向阅读的第一个台阶，那就是先把书面语或较为正式的语言词汇口语化，通过给孩子读故事或为孩子睡前读书等来帮助孩子阅读。我发现，在孩子开始学习识字与阅读时，如果成人能够在与其平常交流中，就适当注意增加书面语的用量，这对孩子初学阅读很有帮助。比如，有一次，我们在家居环境下与几个 5 岁的孩子谈论房间空间时，有个教师谈话中就用到了客厅与卧室这些词语概念。而孩子们都不知道"卧室"是什么意思，因为，在家里与父母日常生活中，他们一般只用到了"房间"这个词，几乎没用过"卧室"这个词。也就是说，父母与孩子在家，一般都用"房间"这样的口头话语来说，很少用到"卧室"这个较为正式的书面语。当时在场的父母都感到深受启发。5～6 岁的孩子虽然会说话交流，但他们的话语系统还是不完整的，他们的母语学习也还在进一步发展中。因此，成人在与他们的口头交流中，如果适当注意运用正式语言的话，那么当这些孩子在阅读时碰到这些词，就容易理解很多。他们在写字时，也容易知道这些字或词的意思，尤其在写作时，就能够写得明确些。严格意义上来说，这让我明白，一个人，不仅是孩子，只要有足够的好奇心，可以一直都在学习新语言与认识新事物，世界因此也变得非常有意思。

这些很小的事情却也让我认识到一个语言教育意识问题，即如果语言教师没有清楚认识语言的特点，以及语言学习方法的话，也不容易让孩子的语言学习变得有趣而且有意义，这不是语言本身的局限。比如，一个成人，因为不会用或不用正式语言而显得不够成熟。这是一个教育问题。我在教英语写作时注意到，一个年轻人如果不注意语言的正式与非正式的区别，或不知道书面语与口语的不同风格的话，往往在刚开始写作时，会出现用口语化写作的情形。由此，他们的写作就显得不够正式或显得有些幼稚。这是他们不能够正确使用书面语与口语造成的。因此，阅读与写字这些语言学习，是可以让人脱离稚气，逐渐变得成熟起来的。从较为长远的角度来看，人的成长有时是不断通过他的语言发展或运用语言的方法反映出来的。由此，孩子的语言学习，不管是母语还是外语学习，都是非常重要的成长力量。

语言学习也非常需要孩子锻炼他们的想象力。在孩子学语言时，尤其是学写字与阅读时，书面文字对孩子来说是非常抽象的东西。写字与阅读实际上非常需要他们的想象力与抽象思考力。反过来，孩子在学习写字与练习阅读的同时就是发展他们的想象力与抽象思考力，家长与教师都需要认识到这两者之间的紧密联系。在教孩子写字与阅读时既需要利用孩子的想象力，同时又能够发展孩子的抽象思考力。比如，让孩子学习和理解数字"6"时，对成年人来说是最简单的数字，对孩子来说却不是那么简单，而是很抽象的。他们常常需要掰手指或看见实物时才能明白这个数字符号的意思。不仅如此，所有以文字与符号，以及以文字符号为载体的知识对孩子来说都是极其抽象的，是不容易理解的。因而，教孩子认识这些比实物与图片抽象的文字时，需要家长与教师利用更直观的媒介做铺垫，比如用图形与实物等来帮助孩子建立对文字以及文字所表达的实际意思的认识与理解。

孩子识字与写字阅读等学习是孩子超越直观认知，发展想象力与抽象思考力的基础。在孩子的这种抽象思考力开发出来之前，他们用直观的方式来识字与写字。比如，在教孩子学英语字母与数字时，我们注意到孩子以直观的方式来进行文字与数字学习。文字对孩子来说就像画一样，写字就像画画一样。下面这张孩子练习写字的照片就表明了孩子是依赖直观认知来学习写数字的。

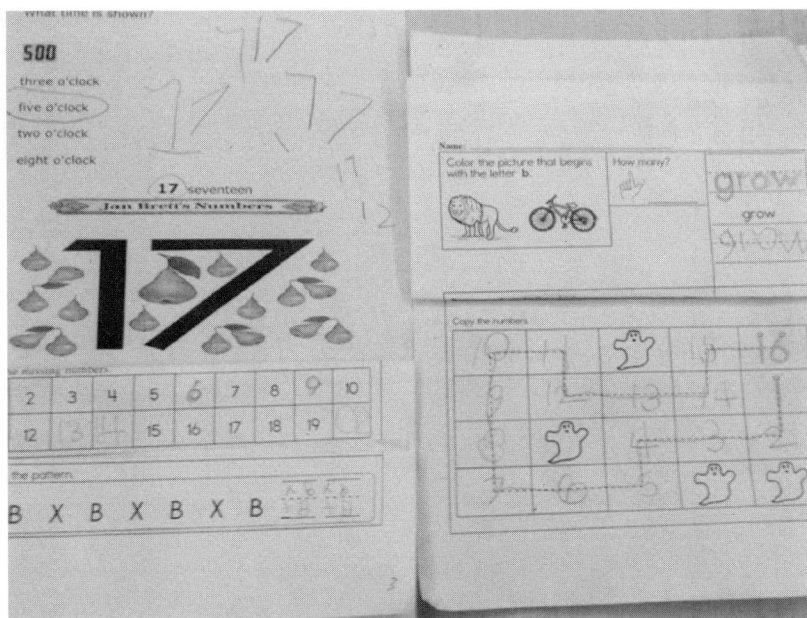

孩子"临摹"式写字 [1]

这是我们教孩子认识与学写 0 ~ 20 的数字时，在一次识字与写字练习中，我们发给孩子的部分学习资料。在这个过程中我们注意到，5 ~ 6

---

[1] 该照片是作者于 2014 年年底拍摄的，主要用于呈现 5 ~ 6 岁孩子初学写字时用直观方式临摹写字的数据样本。

岁的孩子虽然都会自然说出 0 ~ 20 的数字，多数孩子还能认得这些数字。但是，他们在练习书写代表这些数字的语言文字时，有趣的现象就出现了。这让我们意识到，孩子们在学语言的过程中，他们对语言意义的认识是一个漫长的过程。也就是说，许多语言孩子们会说，但当他们面对这些书面文字时，对其意义的认识却是另外一回事。比如，当教孩子们认识"17"这个数字时，我们教孩子这个数字的汉语与英语读音，同时让孩子试着写这个字。但是很多孩子都觉得写字很难。因此，老师们试着提醒他们用已经学过的"1"和"7"的写法，并在旁边示范写了这个数字。我们注意到，孩子单独写数字"7"时，能较为自然写出，因为，之前练习写过几次。但是，尽管数字"1"或"7"都学过也练习写过，但孩子第一次练习写"17"时，把这两个数字放在一起，作为一个新数字出现时，他们却不容易一下子写出。照片中可见，左边印刷材料里一个大的"17"和一个小的"17"，笔法是非常生硬的。可见这个孩子在写这个数字时，他尽量模仿图中大的"17"中的"1"的形状，所以，他写出来的这个"1"就像一个"7"。同样的，孩子也模仿小的"17"中的那个"1"。在写这个"17"的时候，好像是在临摹图形，模仿上面的形式来写。尽管老师提示并帮他写出"17"这个数字，孩子还是忍不住去模仿打印出来的图片的样子，并且，他是把打印中不同的字体都临摹出来。不难看出，初学写字的孩子是照搬照抄眼前印刷数字的形状的，就像临摹一幅图画一样。继续看左下方的补全"0 ~ 20"的数字练习中，这个孩子的表现。在数字"19"之后，孩子写出的是"02"。这个孩子认为"02"与"20"是一样的，就好像是一个图形有两个部分，这两个部分的先后或左右顺序没关系。在教孩子的过程中，我们发现一个孩子把"100"写成"010"。再看照片中右下方的数字，这个孩子写的"8"是两个圆圈连在一起。还有，这个孩子在写右上边的单词"grow"的第一个字母"g"时，他先画了半圆圈，再加上一个弯勾。孩子们开始写数字"9"也是这样写的。这个孩子就是先写了个圈"0"，然后再写一个竖勾。我们还发现孩子们把"8"写成了睡着的"8"。在观察中，也常出现孩子们把"12"写成"21"，"13"写成"31"，等等。孩子们在这些学习中都表现出非常明显的直观认知特点，对文字的意义与形式的联系还有待进一步学习。这让我们认识到，文字的意义与形式的联系需要发展孩子们的联想力与想象力，这些思维能力的发展能够促成他们抽象思考力的形成。

　　研究中发现，孩子们会说出这些数字与字母，也能认识它们。但从说话与认字到写字之间的难度差别还是不小的。孩子学说话是孩子建立实物与口头话语之间的联系，而认字则需要孩子把文字所指示的实物与文字联想起来的想象力，在此基础上逐渐发展对文字的直接运用的抽象思考力。孩子初学写字时，写一个字比认识一个字更难。这是因为孩子写字其实就是要在他心目中把这个字创造出来，尽管这个创造行为带有很大的模仿性。比如，让孩子学习写一个放在他面前的一个字，一个他认识的字，但他从未写过的字，对孩子来说，写字这个行动，就像画画的人写生或临摹一样，需要把这个字的样子如实地反映在纸上，如果孩子没能如实地完成这个行为，写出来的字可能就是错的。在孩子学习写字的行为中，我们还发现，孩子们的直观认知能力，有时候不能让他们直接完成写字。因为，写出一个文字要比认识这个字所指的实物需要更多的抽象力。同样的道理，认识一个人或事物与画出这个事物的难度差别是很大的。当画家通过想象力与抽象思考能力把大脑中的人物通过画画的方式表达出来时，他需要想象力去设计大到形状，小到细纹等事情，因此，画出这个人物需要更多的观察力、想象力、抽象能力，更不用说调色与动手操作的技法了。这些总的来说是一种再现技术。而孩子刚开始识字、写字与阅读时，其抽象能力较弱，不能把心中认识的那个字很快写出来，他们既需要用直观的认知方式，也需要在大脑中想象出这个字，再动手把它临摹出来，也就是说，他们是用临摹素描的方式来写字。对孩子来说，写字就是画字。在这个意义上讲，写字是一种创造性的活动，孩子按照他的想象去临摹，像画画一样，但又需要准确再现。因此，反过来，写字过程本身就需要孩子发挥想象力，同时又能发展孩子的想象力，这不是一件容易的事情。

初学写字时，由于孩子想象力不足，为了降低写字难度，可以让孩子在认字时先动笔做一些画线或画圈的活动，实现从动嘴到动手的跨越，再让孩子学习写字，最后再看写得对不对。在这个过程中，孩子拿笔画线画圈以及涂鸦是学写字的第一步。这一步可能需要几周到几个月的时间。孩子需要这些时间来与笔和纸接触，并与它们熟悉起来。这个过程不能忽视，这样的开始才是有意义的学习的开始。孩子一方面感到困难，但同时，又感到新奇与愉悦，他们不会感到无聊。孩子试图去写一个字，不断尝试写这个字，尽管不一定写得正确，也有利于加深对这个字的熟悉。孩子在这个过程中就是从只认识实物到认识文字的抽象发展。

在研究中，我们通常帮助孩子把这些学习用具或资料准备好，每次都发好多资料。学习时，教师带他们先看看、说说、画画、找找、描摹等；结束时，再让他们把这些纸张用回形针装起来。他们以往没做过这样的事情，很喜欢自己用回形针把这些资料装在一起带回家，从头到尾都饶有兴趣，乐此不疲。有时，上课开始时，这些资料没有及时放在桌上，孩子们自己就会问："我们今天学什么呀？"这是一个非常有趣的活动，教师需要让孩子体验到这种乐趣。这样，孩子在启蒙学习中就获得了一个非常好的经历，而不是留下一个因写错而受罚的阴影。然而在现在的儿童教育中，这个探索过程一般都没有，很多家长与教师往往直接让孩子写字，或让他们直接把一个字写一页，而没有给他们一个先与笔和纸建立熟悉感情的过渡与摸索阶段。恰恰这个过程是孩子建立对识字与写字等学习感情的重要经历。

通过设计与观察儿童识字、写字与阅读的活动，我们认识到，孩子识字与写字需要直观与抽象的认知方式一起作用。比如，孩子在认识"dog"这个单词时，直接认识这个字对孩子来说很难，他们很难记住。如果在"dog"旁边配一幅小狗的图片，或放一个实物小狗，孩子们就会在认这个字时，给我们讲出他们自家的小狗的样子，就可以通过图片或实物来认识单词。文字配图片容易携带与保留，时间长了，就自然而然能认识了。孩子识字从借助实物到辨识字的形状，再到画写这个字的过程中，这是一个较复杂的过程，也体现了孩子的认知特点。在孩子的抽象思考能力发展出来之前，孩子是真正的视觉动物，他们认识抽象的文字需要实物与图片做铺垫。反过来，生活中对实物的认识以及借助图片可以帮助他们认识文字。如果文字与实物相差太远，孩子很难连接文字与实物时，也很难识字。正由于如此，如前面所说，孩子初学写字其实就是画画，他们需要借助基本的画线与画圈开始写字。孩子最初直接画的都是点与线这些最基本的图形。即使是这样的启蒙学习过程，有的孩子还常常表现出无助与为难，不知如何下笔，或几次尝试都写不出一个简单的数字或字母的情况。这时，孩子会望着我，叫我的英语名字："Annie，帮帮我。"每当听到这些声音，我的心都融化了。家长和教师要理解孩子在启蒙学习中的难处，要在孩子刚拿笔写字时，允许他们涂鸦画画，慢慢学写字。孩子识字、写字与阅读这样的学习过程实际上需要全身的体验，用耳朵听，用眼睛识别，用手写写画画，用大脑想象，把实物与文字联系起来。刚拿笔写字时的孩子就好像在用全身写字，之后才能用想象力进行创造性的学习活动。这样的启蒙学习对孩子们来说是很重要而且很有意义的学习经历，同样的，所有有意义的学习经历对发展一个人的思维与情感等综合素质都有积极的作用。

在研究中，我们也发现，孩子在听说和识字之间存在断层，从听说到读写是个很大的跨越。字母、文字符号对孩子来说是一种与实物不一样的新的形状或事物。正如前面反复讲过，文字与符号比实物抽象很多，让孩子认识与记住那么多的形状确实有困难，对文字与符号意义的了解更需要孩子的抽象思维。儿童起步阶段，家长与教师应该如何自然而又科学地教会孩子识字与阅读呢？也就是说，孩子要学会识字、写字与阅读需要什么基础能力呢？孩子在学习说话、识字、写字、阅读以及写作中实际上可以发展孩子的想象力与抽象思考能力，这也是创造力的一部分。要使孩子实现这些不同层面或阶段的跨越，我们需要发展孩子的想象力与抽象思考能力，使孩子理解与运用学会的文字进一步去学习更多的语言文字，理解更多的语言文字。

在孩子的启蒙教育中，如果家长与教师没有发展孩子或利用孩子的想象力以及抽象思考力，单纯依赖孩子的直观认知来学习认字、写字与阅读等，那么孩子学习后，只会认字、写字与简单阅读，这些学习就成了一味的"形式训练"（维果茨基，2010），而失去了锻炼与发展想象力与抽象思考力的机会。如果孩子在学习中没有发展出足够的想象力与抽象思考力，这对他们进一步学习很不利，因为这些能力才是孩子产生理解与懂得所学内容的基础。我们发现，孩子虽然靠直观方式，比如视觉与听觉来帮助识字，用画线画圈的简单方式开始写字，但要学会识字与阅读，在帮助孩子学习中，我们可以在利用孩子这些直观学习时，适当发挥与锻炼孩子的联想力、观察力以及想象力。比如，孩子在学习字母"E"与"e"时，同时教他们认识带有这个字母的单词"egg"（鸡蛋）和"elephant"（大象），如下页的图片所示。

我们可以用孩子们熟悉的实物鸡蛋来协助他们认识这个新词"egg"。但却不方便牵一头实物大象到教室里来帮助孩子认识"elephant"这个新词。这时候，最简单的方法就是拿一张大象的图片，帮助孩子把"elephant"这个词与大象联系起来。无论是用实物还是图片做媒介，孩子要认识"elephant"这个词，他需要在大脑里想象这个词指的是什么，不能直接用实物时，用其他线索，比如图片或对实

实物图片配合孩子学习单词 [①]

物的描述或谈论的帮助。在缺乏实物做直观媒介时，与孩子谈论与讨论将是建立抽象思考的重要识字方法。因为孩子认识"elephant"这个词，比认识大象实物或图片中的大象要更难。实物与图片更直观，文字是抽象的，孩子很难直接辨认与记住文字。孩子认识这个字需要联想他在其他地方看到过的这个事物。当孩子把这个字与其所指的事物联系起来后，这个字对孩子来说才有意义，他才知道"elephant"指的是什么。因此，我们再次强调孩子识字时需要联想与想象力。这个联想与想象力

---

① 该照片是作者于 2014 年年底拍摄的，主要用于呈现 5 ~ 6 岁孩子初学写字时用直观方式临摹写字的数据样本。

是孩子识字时自己产生文字与实物或图片联系的基本能力。此外，还可以通过让孩子们谈论相关经历来与所学的内容产生联系。如果孩子认识客观世界或日常生活的事物越多，观察越仔细，就越容易在大脑中把更多的文字与事物联系起来。因此，平常家长和教师要培养孩子的观察力，扩展孩子对客观世界与现实生活的认识，这有助于他们联系抽象的文字与书本知识，并使其产生意义。否则，孩子就不知道文字与书本知识的关联，在缺乏基本认知的情形下，让孩子识字或学习，他们就只能硬背，就不能产生理解，学习也就成了无意义的事情，这就是我们常看见的背诵式的学习。

孩子初学阅读时，更需要运用连贯的想象，使所读的内容与个人经历、现实世界产生联系，这样才能产生理解性的学习，否则，孩子就不知道自己读的是什么。识字与阅读需要孩子的想象力与抽象思维能力，这是教育需要发展的孩子的基本能力，这些能力是进一步学习与发展孩子创造力的基础。当这些能力没有开发起来时，所有的学习就成了无意义的背诵与机械练习。这就是当下中国教育需要联系发展孩子想象力与创造力的原因。识字、写字与阅读是写作的基础，写作是最抽象的思想过程，最需要想象力，只有通过大脑这个复杂的器官才能实现，单靠眼或手是无法写出或设计出好的作品的。

想象力与抽象思考能力也是以个人经历为基础的。孩子的经历越丰富，见识越广，就越能产生对抽象知识的理解，就越能把抽象知识与现实世界联系起来。这样，他们进一步学习才不会有太大的困难。比如，多让孩子观察与接触自然界里的动物与植物，多亲近大自然，这是开发孩子想象力的基础。从未看见过大树的孩子，很难想象出大树的形象，也难以联想树木与人们日常生活的关系，更别说理解关于大树的一切抽象含义了。再比如，对一年季节与气温变化的认知学习，如果能伴随有播种、生长、开花结果等植物生长的变化，或者春耕秋收的经历的话，那孩子对时间与季节的认识会变得更丰富，就能产生对生命的多种认识，从而增长生命意识和对生命的热爱。由此可知，让孩子学习这些自然元素和这些自然元素与文化生活的联系，是他们学习与理解自然与科学知识的基础，也是孩子长大后能发展出有自然元素的文化作品的重要途径，这就是我们常说的创造有生命力的作品。

现在就不难理解，为什么我们国家的孩子随父母出国后，在欧美国家的学校上学时，发现他们学校教的有些数学知识比我们国家的同年级的数学课程要少很多，而且教学进程也慢，同样的知识欧美孩子学得要晚些。这是因为，抽象的知识需要孩子有足够的抽象想象力才能学好，只有孩子发展好这些能力以后，才能更好地学习抽象知识。欧美国家在孩子们高中毕业后、上大学前有一个"gap year"，为青少年学习期间设立一年"空隙"，让孩子离开学校去接触社会与世界，让孩子在经历世界后再继续高等教育的学习，为他们进入高等教育进行抽象知识学习打下基础。

由于书面知识对刚开始学识字阅读的孩子来说是非常抽象的，而孩子的认知特点却又是直观的，要让孩子产生有意义的学习，前提是要帮助孩子解决好抽象知识与直观认知方式之间的矛盾，帮助孩子理解抽象的书面文字或知识。当孩子的想象力与抽象思考力又还没发展起来，而孩子所学的知识超越其直观认知层面时，就会出现死记硬背或机械模仿的学习模式，这是不可持续的学习方式。因此，我们要懂得书面文字与书本知识的抽象性，即文字的非直观性需要发展孩子的想象力与抽象思考能力。这个能力主要表现在如何建立抽象文字或书本知识与现实经历的关系上，当联系产生后才能产生一种意义，形成有意义的学习。虽然识字阅读是抽象行为，但是，学好这些内容，学习者又必须借助于直接感官来识别与想象。孩子接触抽象文字与开始阅读时需要直观的认识，比如以视听为阶梯。然而仅靠直观认识无法产生充分的理解，想象力才是理解书本与创造性学习知识的重要途径。学习中的创造性主要表现在学生能通过感知与想象能力把书面知识理解甚至能用自己的话语与方式表达出来，还表现在孩子们能运用与理解这些书本知识来产生新的知识。

正确的学习与抽象思考力是一种超本能的想象力与创造力。这些能力是基于但超越视觉与听觉等直接感官认知能力的，它可以通过上面提到的经历，或一些媒介来发展。比如，艺术作品等媒介可以为孩子提供重要的学习资源，比如音乐、美术、舞蹈、电影与故事等。这些作品通常可以丰富孩子们一些情感体验与经历。我们知道，一个快乐的人读悲伤的故事时，也会被感动流泪，这是因为这样的故事让读者产生了同理心，能使读者把自己放在故事人物的位置与处境上，去感受故事中人物的情感。这就是我们常说的移情能力，即同理心。同样的道理，一个人如果经常阅读或观看具有高尚情操的故事，也可以发展出美好的情感与创造出好的作品。这也是一种很大的创造力量。阅读以及其他文艺活动可以丰富人们的这些情感经历和发展想象力。

这些情感经历可以超越父母与亲人之间的直接的情感关系，而产生更丰富的不同的情感体验。我们不难理解这样的学习既可以丰富情感体验，增加情感表达，又可以产生一种调节或超越情绪与本能的高级能力，比如自律、控制惰性与任性的能力，产生领导或设计与创造等能力。在这个基础上，我们就可以进一步理解我们在前面讲到的情感是创造力的基础，人们良好的直接情感经历，以及艺术欣赏与良好的阅读学习都是发展想象力与创造力的重要途径。

阅读与艺术活动往往是以识字与观察为基础的。幼儿园与小学低年级的识字阅读可以早点开始。科学研究表明，三岁之前是孩子学习说话的主要阶段，三岁以后就可以进行识字学习。从儿童发展来看，著名心理学家维果茨基（2010）认为，儿童教育是一种以成熟为基础的上层建筑。也就是说教学需要某种程度的成熟才能进行。无人能教会一个一岁的婴儿阅读，也不能让一个三岁的孩子学会写作。一般认为，识字与阅读可以从三岁开始。一开始，识字阅读只是让孩子有视觉上的感觉，他们不一定懂得每个字的意思。识字阅读本身就是生活需要。在现代社会中，不单是文盲越来越不容易生存，全球化的今天，不懂外语的局限也越来越明显。母语识字阅读是孩子在听说的基础上进一步发展语言能力的方式。外语学习，在没有充分语言条件下，却是听、说、读、写同时进行的。早期儿童双语教育要求家长与教师科学地认识孩子的认知特点，科学地开启孩子识字与阅读的旅程，同时，发展他们的观察力，联想与想象力，这些基本能力可以帮助孩子进一步学习书面知识，这些能力也是思考力与创造力的基础，这些能力是人们能感到甚至创造出生命意义的重要技能。儿童学习不是记忆和背诵，传统学习方式的弊端总的来说是使学习脱离了自然性，在抽象思考力不足时，孩子不能发展阅读与事物或自己经历之间的联想并产生理解，这样的学习是没有意义的。孩子是天生的自然学习者，需要通过讨论、实践与理解产生意义，不能"以背代学"。我们在许多幼儿园里，在大班里都没有发现孩子识字阅读的活动。我认为，幼儿园中大班就可以进行识字阅读活动，其目的不是为了认识或会写多少字，而是通过语言行为来开发孩子的想象力与沟通力。关键是我们的教育要探索如何启蒙好孩子的识字阅读学习，这个学习不单纯是认字和为了学会阅读而阅读，而是要使他们的想象力与抽象思考力在适当的时间里能得到适当的开发，获得多维的、身心结合的学习与生活体验。

　　母语的识字与写字以及阅读可以同时进行，而且是在会听说的基础上进行。然而，在母语环境里学外语，一般听说与识字阅读也都是一起开始，但对孩子来说，这不是容易的事情，需要家长与教师特别用心而且耐心地帮助孩子。我们要明白，尽管孩子有天生的学习能力，但是母语条件下的外语学习还是有难度的。最大的难度就是外语学习多数情形是从书面知识开始的。听、说、读、写同时进行，这需要全身的努力感知。听说与动手图画都能帮助孩子认识文字并对其产生感觉。我们发现，在孩子识字与写字时，他们把文字当成了图形，需要手与视觉的结合。刚开始拿笔写字的孩子往往会使出全身力气，这个对成人来说最简单的行动，对儿童来说是挺难的事。因此，刚开始写字的孩子，无论是写母语还是外语，家长与教师不要太介意孩子的字是否写得工整与干净。孩子开始只会画线画圈，甚至乱涂乱写，这才是写字的开始。识字与写字同时进行可以相互促进。写字可以帮助识字，识字也可以帮助写字，在外语学习中，识字写字与简单阅读同时进行也是有好处的，这些学习的同时进行，比如，识字写字与简单阅读适当结合有助于孩子对语言产生感觉与意义，发展孩子的理解力。

当下学前教育与基础教育教学中，家长和教师的认识对儿童语言学习与发展起着至关重要的作用。他们需要建立恰当的儿童发展与认知理念来指导其育儿与教学实践。纵观当前的学前教育与基础教育教学，我们发现，学校与家庭严重缺乏儿童语言发展的基本知识，在儿童教育方面出现很多误区。很多教育机构与家长没有充分认识到孩子语言与交际能力发展以及如何发展的重要性，学校教师在教孩子识字、写字与阅读时既没有充分借助孩子的直观认知力，也没有充分结合孩子的想象力与抽象思考能力的发展，往往把语言学习简化为简单的识字、写字与阅读等活动，也没有意识到这个阶段的语言学习，是非常需要建立孩子对学习的感觉与感情的。这样的教育环境对孩子造成了极大的影响，尤其容易使孩子失去思考能力与学习兴趣。因此，我国的学前教育教师以及基础教育教师首先需要认识到孩子直观认知、想象力以及抽象思考力等与孩子的学习兴趣与学习感情密不可分，这些才是教师需要帮助孩子一起发展的基本能力，这些能力与情感是关系到孩子们感到学习意义与经历快乐的桥梁。

我们在幼儿园里观察与调研中发现，学校缺乏正确的语言教育策略。在教育国际化的驱使下，幼儿园的语言教学也开始向国际方向发展。这个出发点是好的，但通常在操作中会出现失去平衡的问题。儿童时代既是学母语的好时光，也是学外语的黄金时间。由于母语学习有天然的语言环境与语言条件，这一阶段可以重点学好母语，打好孩子的母语基础。我们一般不主张学校教育或家庭教育中外语学习比重超过母语，这样会事倍功半。因为，在母语环境下，孩子学母语比学外语资源多，条件好，容易先学好母语。孩子学语言的潜力很大，在母语学好的基础上，可以适当增加不同语言的学习。由于历史原因，我国的英语学习资源系统已成熟建立，孩子在学好母语的前提下，可以把英语作为重点语言来学。学好一种语言可以帮助孩子学好另一种语言。现在教育中出现了国学热，有学校甚至把颂古当成孩子的主要学习内容，这也是需要思考与注意的问题。孩子的未来是国际化的世界，因此我们的教育需要立足当下而又着眼未来，孩子需要学习与来自不同文化和说不同语言的人共存，为世界的发展做出贡献，才能成为世界的主人。

在学校里，我们发现，教师与孩子之间缺乏必要的语言交流。教师与学生的交流也是一种表达。儿童语言学习中，最好的学习方法是用语言与儿童进行更多的交流，虽然儿童的认知与交际特点是直观的，但培养儿童的语言能力的过程也是发展孩子的抽象能力的过程。学校与家庭都需要更多的语言沟通。尽量使用大人的语言，不需回避抽象的语言，尽量变幻词汇，使孩子在日常语言活动中接触丰富多彩的语言词汇，这样孩子们在交谈中才容易听懂与灵活表达自己。比如，在幼儿园里我们看到，孩子来到学校走进教室，教师需要主动与孩子问候寒暄。当教师示意孩子，要把书包放到学校柜子里时，教师可以通过语言进行交流，而不是自己直接帮孩子把书包放起来，用动作代替语言时，孩子就失去使用语言的机会，也不太习惯用语言。有一次在幼儿园班级观察时，我注意到，当一个孩子想要通过很狭小的通道，两旁是其他孩子时，他是用肢体语言来表示，就是直接挤过去，而不是先用语言请其他人让一下。这些都是需要孩子运用语言的机会。学校环境里，给孩子选择话题的自由，教师自然而热情的对话，适当询问孩子问题等，都可以鼓励孩子们多讲话，多沟通，在家里也一样，父母与孩子多讲话沟通一样重要，人们都是这样学会语言的。

学前教育与小学低年级教育教学切忌"背书"，需要发展有意义的学习课程。我们发现，很多家长与教师都是通过记忆与背诵来让孩子学习，而不是用交流与沟通的方式，这会大大削弱孩子的语言交际能力，他们会失去发展创造力的机会。对于课本知识如何学习才有意义呢？我们不得不又一次说起书本知识的抽象性。小孩子的认知特点是直观的。把学习内容尽量直观化是让孩子学明白的主要方法。但是直观化教学不是教育的终极目的，终极目的是让学生不断提高抽象思考能力，直接理解抽象知识，甚至创造出新的知识。这就是我国教育教学创新的方向，即在抽象知识—直观化—抽象知识—直观化这样的循环中不断发展提升学生的创造力。教师与家长在儿童教育里的最大作用首先就是把抽象知识直观化，帮助孩子理解所学的内容。教师如何直观化抽象文字与书本知识是至关重要的教学能力与艺术。孩子需要用直观的东西来对待非直观的东西，比如文字与书面知识。如果让孩子直接面对抽象的知识，没有实践、解释与理解的环节，就只能直接背诵。这是最没意义的学习，时间长了，孩子发现学习是没意义的，没有意义的学习是不会长久的，所以孩子会成为我们前面提到的不喜欢读书或不喜欢学习的人。要让一个人喜欢学习或读书，最重要的是让他感受到学习的意义与乐趣。学校可以拓展孩子的阅读空间与时间，根据孩子的兴趣选择阅读内容，让孩子自己讲述与分析阅读内容，解构故事情节等，这些对发展孩子的个性与思辨精神都有益处。这样才做到了教书与育人的结合。如果这些活动让孩子拥有了快乐的学习经历，孩子们就会越来越热爱学习。

　　要学好书本知识，除了要让孩子参与生活，自己的事情自己做之外，对学前儿童来说，在学会识字与阅读之前，给予他们说话、唱歌、画画与玩耍的时间和空间也是很重要的。家长与教师如何安排孩子玩耍游戏也是幼儿教育的大学问。这些做得好的话，也能发展孩子的创造力。学会与孩子聊天沟通，倾听孩子讲话是家长与教师能给予孩子最好的学前教育。这不仅需要足够的耐心，还需要足够的爱心，更需要科学的知识。与孩子聊天和听孩子讲话其实就是尊重孩子和认可他的主人翁地位的表现。我在教学中曾经碰到过一个从日本来中国交流的学生，他在课程论文写作中比较中日教育不同时，提到一点让我无法忘记的事情。他说在中国，孩子们一到学校就直接到教室读书，而在日本，孩子到校后，先到学校操场与其他小朋友玩半个小时再到教室里与教师见面。日本教育的这一点其实就注意到孩子们之间的直接交流是非常重要的学习方式。

　　在学校里，教师在日常生活中，可以直接利用孩子实际生活的情境这些很自然的教育资源进行教学，在一次到教室里观察的时候，我发现了一个很好的礼貌教育机会，但是，这需要教师敏感地认识或捕捉。事情是这样的。在活动课中，有两位小朋友 A 和 B 一起来到积木玩具区。两人都想拿出玩具，并且都希望李老师过来帮忙。孩子 A 直接命令老师："先把这个给我拿出来，把这个给我，把这个拿走。"李老师帮他俩拿出了各自喜欢的积木，而孩子 A 没有表示感谢。另一个孩子 B 在老师拿给他玩具时说了句谢谢老师。如果老师对以上的情形有教育敏感度，就可以在此时利用恰当的方式，对孩子 A 和孩子 B 的不同反应分别进行引导或鼓励，但是老师没有注意到这个情况就走开了，似乎没有注意到这两个孩子的不同表现。

现在学校里所谓的学习已经非常仪式化了。这些仪式化的活动会无意识抑制偶发的悟性或产生对变化的迟钝反映。比如，很多学校都有这样的上课仪式：上课铃响——起立——同学们好——老师好——坐下。这样的一个仪式，与上一章里陈老师上课时要求学生安静下来的仪式一样。虽然是小动作，但这些空洞而乏味的习惯性做法，不但没有意义，而且影响孩子们的积极参与。而杰森老师的课中，却有一个创新的仪式，他直接搭建了明显的创新平台供孩子参与，比如，我们前面分析出的创新环节中，从创新零点、创新开启到创新跨越等都是杰森老师为孩子搭建的不同层次的改变，把学生带到一个改变的状态中。善于利用日常生活资源的教师能把困难的语言学习变成不知不觉的学习，而且是愉快的学习。这种不知不觉的学习其实是儿童最好的学习状态。因为，在不知不觉的学习中，孩子不易察觉学习的难度，通过教师帮助降低学习难度，学生能够参与其中，而学生的参与才意味着学习的开启。然而，不知不觉的学习不容易产生顿悟与灵感。因此，在日常教学中，教师还要让孩子们有明显的自然转换与改变意识，这样学生才会意识到教学中的新内容，产生新奇感、好奇心与参与感。杰森老师的课堂里，从学生自己主动创造歌词 "Do you know Jason Laoshi？" 开始，后面的内容都是全新的创造性语言，虽然语言量比较大，但非常流畅。看一堂课是否有创造力时，不是看教师的语言有多少，而是看学生有多少创造性的语言。创造力也是可以量化的。杰森老师的课也让我们思考，在孩子的语言学习中，我们如何通过直观的素材，促进孩子的大脑活动，进行抽象的想象，开启孩子的创造性表现。从杰森老师的课来看，课堂教学的直观化，用孩子们生活中熟悉的人或事进行改变，使孩子保持好奇心，这是孩子进入有意义的学习和愉悦参与创造的基本条件。

孩子学习识字与阅读和孩子学习口语一样，需要家长与教师给孩子准备一个较低的参与起点，还要不断提出新的内容来加强孩子的求知欲与想象力发展。这意味着成人要理解文字与书面语言的抽象性，而孩子的认知特点却是直观性的特点。在孩子抽象思考能力不足的情况下，用直观的方式学习抽象的内容就特别需要恰当的方法，避免造成无新意的反复学习。因此，我们强调孩子识字与阅读可以早点开始，在三岁后就开始进行。但是，初学识字阅读时，教学方法一定要尊重孩子的认知特点，除了尽量把抽象文字与书面知识直观化，同时，还要允许孩子有表达自己的自由。比如，在学写字时，需要把字写成他想象的样子，把字当成图形来临摹，尽管有时写的不准确，但是家长与教师不能要求过高，要给予孩子时间做有意义的练习，不能过于着急去纠正。另外，识字是阅读的基础，其实识字也需要想象力。阅读会增强孩子的故事感和丰富孩子的情感经历，即发展孩子的情商。因此，可以丰富孩子的阅读内容，还要注意阅读的难度层次。阅读的时候，为了便于理解，人的头脑中会把文字里的故事内容幻想成一幅画或情景，这就运用了孩子的想象力，孩子在阅读的时候会激发他的想象力。因此，识字与阅读的本质就是发展小孩的想象力与抽象思考力。孩子识字与读懂内容需要生活阅历，或生活本身做媒介。因此，培养孩子注意力和观察力也对孩子的顺畅阅读有帮助，因为，日常生活里面有故事、人物与情节，这些都不断在树立孩子的世界观与价值观，以及判断力。书面故事也是这些日常生活的加工再现。生活本身是人们学习与创作的基本素材。

因此，所有的学校教育课程都需要借助生活原型来帮助孩子们学习书本知识。把生活作为最基本的教育资源，认识自然生活环境是发展儿童想象力的基础，把创造力作为发展儿童自然而然的生活能力为目标来开发学校课程。我们的学校教育与家庭教育应该为我们的孩子提供一个平衡的生活与学习安排，使他们既善于学习与创造知识，又善于过好日常生活，解决现实问题，成为一个真正的得到全面发展的人，以获得最丰富和最有意义的人生。基于这样的认识，我们需要树立正确的儿童教育观念，获得科学的教育教学启示。

儿童教育课程需要考虑儿童的年龄特征与生理阶段的特殊性，即受教育的主体处于生命的初始阶段的儿童时代。因此，儿童教育的最优价值需要体现在可持续发展的设想与操作上，最终体现在发展儿童的潜力上。尤其是学前儿童，还处于身体与智力发展的重要时期，其语言学习需要结合体能功能的成熟情况，进行口语、识字写字与阅读启蒙教育，同时需要与情感智力开发兼顾进行。这些启蒙教育方式恰当的话，可以为孩子身体与心理都带来持续的求知欲望与愉悦的学习体验，既有利于孩子的身心健康与丰富孩子的情感经历，也是促进孩子想象力与抽象思考力的重要发展过程。这些都是孩子受益终身的学习技能。

第六章

跨文化视角下的儿童沟通与教育安全感

上一章我们从儿童识字阅读的认知特点认识到教育教学需要搭建孩子直观认知方式与抽象文字之间的联系，在此基础上发展孩子的想象力与抽象思考能力。如果这个联系搭建不成功，识字、写字与阅读就会成为只是"形式训练"的语言启蒙教育。这样，孩子的学习就只能是无意义的形式学习。因此，探究如何使学习产生意义成了儿童教育研究的核心问题，也是我国教育研究的根本问题。本章，我从跨文化沟通的角度探索如何建立有意义的学习，并认识"沟通"在儿童创造力发展与教育中建立信任关系的重要作用。

在我们的研究项目中，我们进行调研的幼儿园里曾举办过 10 次教师培训讲座与两次家长论坛。一次家长论坛中，我们特地邀请了英国教育专家来与家长们探讨跨文化背景下的儿童教育以及儿童创造力发展的问题。这里，我先引用一下我们请的一位教育专家，约翰·劳（John Lowe）在一次讲座中提到的一个生活故事。这个故事讲述的是来自不同国家与文化的两个孩子相见与相处一天的经历。以这个故事为基础，我从跨文化视角来看当下我国教育文化中的教育安全感问题。为了把这个故事讲得直观清楚，我还需要引用约翰·劳在讲座中用过的图片。先看下面的两张图片[①]，这是故事的主人翁，两个小女孩相遇时的情景。

介绍一下这两个小孩。一个是约翰·劳的外孙女——四岁半的艾莉娅，英国出生，只会讲英语，家里有两个兄弟与一个妹妹。另一个是约翰·劳中国朋友小李的女儿，两岁半的玉环，她是家中的独生女，只会讲汉语。在一个春光明媚的日子，这两个孩子随家人在英国第一次相遇，一起相处玩了一天。

[①] 本章中的9张图片均由本人的老师约翰·劳所有。约翰·劳在本书研究项目中应邀做讲座时曾将这些图片用作素材。本书在此作为资料引用，同时也已获得图片所有人的许可。本章中的这一系列图片用作呈现孩子在跨文化交流中建立安全感与信任关系的过程，以此用来启示解决我国教育中的安全感问题。

从以上两张图片中，我们可以看出两个小孩不同的身体语言和表情：一个怡然自得，一个警惕不安。刚见面时，当玉环的爸爸小李伸手去抱艾莉娅时，如上页左边图片所示，玉环立马用手护住自己的爸爸说："这是我的爸爸。"右边这张图片中，当小李同时抱着两个小孩时，玉环一直盯着艾莉娅，有种感觉像是怕她把爸爸抢走似的，上页右边的图片中，玉环不看镜头，而是很防备地紧盯着艾莉娅。玉环对艾莉娅这种防备不安的样子一直持续到她们开始一起玩的时候。下面是她们开始一起玩的两张图片。

当她们去玩玩具火车头时，玉环表情还是比较不自如。艾莉娅则比较愉悦。刚开始玉环自己在火车头里，因为艾莉娅一直想找玉环一起

玩，于是她加入了玉环的火车头想与她接近，但这个时候玉环立马就从玩具车上跳下来离开了，好像不想跟艾莉娅一起玩，这个时候两个孩子还是有距离感，玉环仍然不太信任艾莉娅。继续看下面两张图片。

　　在上面这张图片里，我们看到，随着待在一起的时间长起来，两个孩子似乎开始相互接近了。当艾莉娅在玩玩具时，玉环对着相机竟摆起姿势了。

　　后来，两个孩子在大人搭起的帐篷里玩起了喝茶的游戏。这时，很明显，玉环对艾莉娅的防备似乎减少了一点，表情也看起来轻松了许多。

这两个孩子开始玩喝茶，玉环与艾莉娅一起坐下，从图片中可见，玉环显出专心喝茶的样子，没有直视艾莉娅，而艾莉娅却专注地看着玉环，明显学着玉环喝茶的样子。她们手上都拿着小茶杯，身旁的小桌子上有茶壶，旁边还有玩具食物。艾莉娅一直看着玉环。可以看见，这时，她们虽然还没有显出快乐的样子，但她们终于在一起玩了，靠近坐在一起喝茶。

第一次见面在语言不通的情况下，随着接触时间的增多，通过身体语言，玉环的不安与防备心理终于化解了。整个过程中，艾莉娅一直是很用心地努力想要与玉环接近。我们看到她一直用一种很想与你在一起的"爱"的力量化解了玉环的不安。"很想在一起"就是一种爱的信号（message of love）。当一个小孩真的想与另一个小孩接近的时候，他就想去学他做事的样子，而且想跟他在一起。就像艾莉娅跟着玉环喝茶一样。艾莉娅发出的各种善意的信号减少了玉环的不安与防备心理。在这样的发展中，两个小孩最终一起玩起来，并且进一步发展出了有明显的快乐的情感。

从下面的图片我们可以看出，她们已经从先前艾莉娅个人努力接近玉环的相处关系中，发展到两个人可以一起并肩行走了。她们谁也不用模仿谁了，谁也不用讨好谁了。从孩子的表情来看，她们也似乎已经有某种默契了，两人在并行中相互注视着对方。玉环的肢体与神态语言已经完全发生了变化，刚开始的防备消失了，现在就显得比较自然，显得怡然自得。但这时，她们还没有发展出快乐的情感。

　　当玉环对艾莉娅没有抵触心理后，艾莉娅也不需要刻意地模仿讨好玉环，两个小孩有了并肩而走的平等关系。这种并肩并排走的样子有种相互接纳、彼此接受的情感关系。图片中也可看到，她们两个的表情很平等，她们在纯粹的大自然中并肩而走，相互交流着。

　　最后的两张图片反映了这个故事发展的高潮。

最后这两张图片，她们在一起玩的游戏中双双获得了胜利与喜悦。图片中，不仅艾莉娅笑容甜美，玉环也敞开了双臂，灿烂地笑着，好像要拥抱这个世界。这样的身体语言与表情表明的是一种心态的改变，从开始用手护着自己的爸爸，到现在彻底地张开双臂，这是一个很大的改变。由以上的转变可以看出，孩子之间的沟通可以让不安的心灵开放。玉环就经历了心灵从防御到放开，再到悦纳的过程。这种变化不容易产生，尤其是从一个人对另外一个人有防备，到不防备，从不安到最后安全感的建立，这是一种情感的变化。尽管两个孩子语言不通，但她们的相处是很成功的，最后都很快乐，很高兴。据说后来玉环回到自己家里，也毫不犹豫把玩具都拿出来给艾莉娅玩。

玉环刚开始与艾莉娅见面时没有安全感可能是她不愿意与艾莉娅沟通的主要情感障碍，这表现在她防备与抵触艾莉娅，也不愿艾莉娅与她接近的肢体语言与动作行为上。同时，即使有不安感，玉环还是冒着风险接受了艾莉娅想要与她接近的努力。后来，她放下防备与艾莉娅一起玩耍，最后，她终于解除不安，与艾莉娅一起轻松玩起来。她们的相遇相处最终表明是成功的。这个成功少不了艾莉娅对玉环的耐心接近，这就是爱。艾莉娅的爱表现在她一直都想与玉环一起玩，模仿玉环的动作等，在玉环产生安全感后，她们终于一起快乐地玩起来。我们发现她们在后面露天树林里玩的时候，情感进展的程度是比较大的，情感的建立是比较快的。那是因为在没有玩具的情况下，她们必须通过直接交流或自创一些游戏一起玩，这样直接的交流与游戏，这样共同的参与与创造是加深她们感情交流的最好办法。生活中也是如此，给小孩子玩具或不给玩具的时候，小孩子玩的方式是不一样的。不给孩子们玩具，他们自己要想办法来玩，孩子们自己会创造出游戏来玩。这样，他们的创造性也会得到比较充分的发挥。

两个小孩中，大一点的艾莉娅四岁多，她一直向玉环示好。她们在树林里玩一个游戏，是看谁先跑到那个树桩，看谁先占领高地。按理说，大一点的艾莉娅会先跑到。然而，从图片中看到，胜利的是年龄小一些的玉环，我们注意到，艾莉娅站在矮的地方，站在表示胜利高位置的是玉环。艾莉娅的"我让你站到最高的胜利的位置"表明这个小孩心理是蛮成熟的，她能够把局面控制在她想达到的状态。这样，因为她的谦让和爱，她收获到玉环对她彻底的信任。在这种情感交流中，信任让玉环解除了不安与防备。从防备到接受，再到信任以及最后的快乐，这是一个很大的情感变化过程，这种信任关系也不是那么容易就建立起来的，而是通过艾莉娅的多次不断尝试，通过她对玉环的接纳与靠近才慢慢建立起来。在这个过程中，我们可以感受到艾莉娅的耐心与爱心，同时也看到了她明显而稳定的领导才能，这样才建立起了双方相互信任的关系，她和玉环才拥有了愉快而有意义的相处。可以说，艾莉娅这个孩子情商比较高，这是她们相处成功的重要因素。年纪小一点的玉环情商也不低。后来，两个孩子一起回到玉环家时，玉环冲到所有人的前面，把他们家的大玩具箱子拖出来，在艾莉娅面前"哗啦"倒出，示意艾莉娅我的这些玩具都是你的，大方地分享给艾莉娅。"这些玩具都是你的"也是一种爱的回馈，这是玉环感受到艾莉娅的友善与爱心后的回应。也就是说，玉环从开始对艾莉娅的防备，后来双方逐渐发展出开心信任的关系，到拿出玩具给艾莉娅玩，表达了她对艾莉娅的爱的回馈。她们之间爱的关系就在艾莉娅给予玉环的友善与爱心，玉环逐渐接受艾莉娅的关爱，到后来玉环给予艾莉娅玩具玩的循环中发展。爱的最高级别就是给予。玉环这个给予行为里面也有很多爱的信息，这表明玉环的情商也是很高的。一旦一个人懂得接受与给予的时候，她是很爱你的，当然给予的方式很多，给予就是一个证明。

这个关于两个孩子在语言文化不通的情况下，初次见面，一起成功玩耍的故事给我们什么样的教育启示呢？约翰·劳老师在讲座中说孩子们一起"玩"就是最好的沟通。其中"没有预设的玩"可能比"有预设的玩"更需要发挥孩子的创造力。在艾莉娅与玉环的故事中，前面部分是有道具的玩，比如火车头与茶具的喝茶游戏，她们模仿大人开车与喝茶的样子，带有明显的模仿行为。后来，她们到树林里，在露天下，在没有这些玩具的情况下，完全靠她们根据自然条件创造游戏来玩，这时两人进入了最没有拘束的愉悦状态，直到她们之间没有任何障碍，只有充分的信任与愉快的交流。

以上两个儿童在生活中跨文化交流的故事让我们认识到沟通在发展安全感与信任关系过程中的重要性。我们看到，沟通可以让孩子消除防备，建立安全感与信任关系，这是快乐的基础。如果我们把这样的机制放到教育里，可以帮助解决我国当下存在的，我们前面提到的教育安全感与信任关系的问题。如果我们想要发展出教育者与受教育者的共建合作和皆大欢喜的教育效果的话，教育首先需要发展出相互信任的教育关系，从艾莉娅与玉环的故事来看，她们之间的信任关系是在给予与接受到分享等沟通机制中发展与完善起来的。现在在我国的学校教育里，师生之间很少存在真实的沟通，很多教室里几乎就是教师一言堂，学生不说话，或者说着跟自己无关的话。这是师生没有安全感和信任关系的基本表现。一堂课里，如果学生没有太多主动发出的声音，要么学校与教师有问题，要么是孩子自己有问题。长此以往，就会导致像有些人认为的，真实的沟通教学方法在本土教育文化里行不通，在我国的教育文化下很难进行。其实，这个看法没能认识到问题的本质。教室里，孩子不讲话是有原因的，主要还是师生之间没有接纳，互不信任，他们都不愿说出自己的真实想法；或者是双方理念差异太大，根本都不知道或听不懂彼此要讲什么，不知道各自喜欢什么。

在我们的教育文化里，师生之间的信任去哪儿了呢？为什么我们的教育沟通产生了一系列的障碍，为什么沟通式教学法在本土教室里行不通呢？

一方面是情感安全出了问题。当人与人、人与世界之间没有情感时，就没有安全感，就会产生一种情感安全障碍。同样的，师生之间如果没有真实情感沟通的话，也会出现信任危机与情感障碍，彼此间没有安全感。一旦学生感到情感不安全时，他就会对教育产生抵触与拒绝倾向。就像一个没有安全感的人不让别人接近自己一样，这就是一种情感障碍。这样的障碍很不利于师生一起快乐地来完成学习。尤其是当学生对教师有防备心理，或有不信任感，他就会抵触教师的教导，或不让教师接近自己，反之亦然。当教师不允许学生讲述或不仔细聆听学生表达时，也会挫抑学生的情感，会导致师生之间越来越少的沟通。这些就是教师和学生之间的情感障碍。

另一方面，情感障碍也是因为教育里没有充分的情感交流。在当下的基础教育中，师生彼此缺乏情感交流的习惯。孩子们一到学校，教育工作人员不是观察孩子们的情绪或注意孩子们的感受与交流，而是让他们匆忙走进教室读书，教师忙于检查作业或传授知识，急于让孩子掌握知识准备考试，在这样的学习氛围中时间长了，大家就不习惯关注和交流情绪与感受，甚至不觉得这些很重要。上大学后，学生就开始不适应需要他们参与沟通的课堂，甚至觉得沟通多的课堂没有直接灌输知识的课堂效率高。因为真实的沟通需要彼此的关注，在听懂彼此讲话的内容后才能有效，或才算沟通成功了，这就特别需要彼此为对方着想。如果师生不习惯这些基本的沟通行为，就不容易接受需要沟通的课堂，也就不容易在学习中融入情感。加上，学校之间、学生之间为了考上一流大学充满着竞争与防备，考试分数成了牵动大家心弦的重心所在，相互关心与爱护驱动的沟通更显得可有可无。缺乏情感培养与沟通的文化是很难建立各方的信任关系与各自的安全感的。同样的，师生之间缺乏情感培养与交流，彼此就不能建立真正的安全感与信任度来共同完成好教学与学习。

此外，这种教育情感的不安与缺乏信任还有文化传统的原因。比如，我们在第一章里就论证了传统文化里的人际关系与现代师生关系的情感障碍是有一定关系的，教师和学生之间由于权威带来的距离感也是他们缺乏沟通的原因之一。这是个文化问题，又是一个历史问题。教师的权威地位是传统文化赋予的，师道尊严与家长权威制这些传统也对现代教育的情感沟通问题有影响。这些传统的价值观不利于发展出孩子需要的存在感和安全感。孩子在成人面前是"弱势"群体。面对周围的教师与工作人员这些从体力与生活能力上来讲都更为强大的大人，如果成人在孩子面前再过于利用成人权威，孩子的基本权利就得不到保障，很容易出现无意识侵犯小孩权力的现象，比如"无视"他们的请求，"无视"他们的感受，以及不自觉地发出命令性的话语与行为等。这种现象持续时间长了会挫伤孩子的情感。我们在研究中就观察到，幼儿园里阿姨的日常语言会不同程度地表现出对孩子基本权利无视的情形。以下是我们在调研中记录的幼儿园不同阿姨们招呼孩子吃饭的话语。

☆ A.准备好吃饭／（无条件）

☆ B.坐好就吃饭／（带条件）

☆ C.坐好了才给你吃饭／（明显条件）

☆ D.谁先坐好，谁就举手，不然的话就没得饭吃／（带威胁）

C 与 D 中的阿姨话语明显带有条件，不小心就会影响或剥夺孩子们正常吃饭的权利。这也会无意识地削弱孩子在幼儿园的主人翁意识与地位。孩子需要成人尊重他们作为人的基本权利。如果教师与家长没有表现出现代人应有的素质，不能尊重孩子诸如吃饭这样的基本权利的话，就可能无意识地侵犯了孩子的基本需要。情感话语，也即日常的情感教育，是孩子的基本成长土壤。它包括爱的表达、兴趣培养和友好相处，它还表现在关心孩子的情操品质，鼓励孩子勇敢独立、乐于沟通、积极上进等方面。显然，现在的孩子需要这些基本的情感沟通。如果家长与教师没有这样的现代文化价值观念的话，孩子就不容易产生存在的意识与力量，会失去基本的安全感。这也是传统价值观在现代教育中的局限。

教室里还需要师生双方认知方式的交流与发展。这是说教室里需要师生在有感情的基础上学习科学知识与发展各种技能，双方都要在身心上有愉快的经历与收获。这就需要教育者思考如何与学习者一起学习知识与发展技能。如果教师只有一些学科知识，就会出现把既定的教材知识不加深刻理解，也不融入自己思想的情况下直接教给学生，而学生也不知道这些知识从何而来，只是一味地接受。这种知识或知识学习与谁都没有太多关系，教师与学生都无法产生任何感觉或情感。这是一种为了教完教材而教学，为了学完教材而学习，没有任何感知能力或情感想象的教学与学习。这样的教学既没有照顾到人的情感需求，也不知道情感是发展技能性知识的重要基础，比如，思考能力、解决问题的能力以及创造力等。这样的教学环境下，谁都不是知识的主人，结果教师和学生都感觉什么都没学到，什么也不会做，更不用说把学生培养成一个有创造力的人了。这也是人们对学校和教师不信任的主要原因之一。这样的学习中，没有人去探索知识究竟是如何产生的，人们也不在乎学习后到底有没有产生新生知识或新收获，人们对教育就没有什么感情，更谈不上信任。

本土文化背景下的教育如何建立信任关系与沟通机制呢？随着社会工业化与现代化以及教育科学的发展，人们逐渐认识到教育不再只是教师个人的事业，也是一个社会化的事业。学习不再是教师单方面可以做好的事，而是需要学生自己做学习的主人，发挥其能动性。教师的权威需要有新的定义。比如，在全球化的当下，教师权威就是要发挥教师自己的创造力与领导力，与学生建立信任关系，帮助学生成为学习与知识的主人并获得安全感，愉快参与到学习中。当教师的这种教育能力发展出来后，学生与社会才能信任教师。

当然，要取得那样的信任关系，不是教师一方就能做到的。这需要国家、社会、学校和学生的共同协作。当然，教师首先要做出改变。要赢得学生的信任，就像艾莉娅赢得玉环的信任那样，我们的教师既要有爱心与领导力，又要有专业的教育知识。教师作为成熟的一方要让学生建立一种情感安全感。教室里面的师生信任与沟通需要师生的共同理解与合作。教师不要再长期责怪或抱怨学生上课不说话，不参与。其实教师也没有足够努力来改变这样的情况。教师应该充分发挥领导力作用，放下教材，少组织几次考试，创造真正有意义的学习，让孩子们体验到创造高峰，而不是非常保守地照本宣科，以考代学。如第四章中提到的陈老师，为了达到传授知识的目的，对学生进行纪律训练，那既不能调动孩子的情感力量，也不能充分发挥孩子的沟通力。这是当下教育中的一个普遍现象。这种教育关系很难让学生学到东西或获得快乐，赢得学生的信任。

要恢复信任，教师首先要迈出第一步，那就是放下权威，向学生靠近。在中国教室里，教师要走的第一步就是走下讲台，放下传统的说教权威架势，进入学生当中，与学生讨论与交流。这样做，需要教师有正确的价值观。像第二章讲到的一样，只要让孩子成为学习的主人，他们上课既爱讲话，考试又可以考好。因此，教师还不如放下各种担心，不要担心教室里乱哄哄的与吵嚷嚷的，学生不受控制；不用担心课本内容可能上不完以及考试分数会降低等。教师应该想办法如何让孩子成为学习的主人，成为教室里的主人。这样学生就容易信任老师，他们也会在这种关系中好好享受学习。

当然，让我们的教师放下教学里的权威位置，确实也有风险。这个风险主要在于，我们的学生可能开始还不习惯做自己学习的主人，不信任教师会真的放下权威。这就需要教师与学生事先做好沟通，进行建立共识的风险尝试。从艾莉娅与玉环的故事我们可以看到，艾莉娅为接近玉环做了好几次风险尝试，才有了最后的成功。第一次，是她们在玩具火车头那一幕里，当艾莉娅接近玉环时，玉环跑开了，没有与艾莉娅一起玩。可见艾莉娅的尝试确实是有被拒绝或失败的风险。但是艾莉娅没有放弃，却是坚持努力。第二次，在帐篷里的那一幕，当玉环对着相机摆照相姿势时，艾莉娅却在摆设茶具，期待并准备与玉环一起玩。这时，玉环与她一起玩喝茶了，艾莉娅为了加强玉环的安全感，她专注地看并模仿玉环喝茶，与玉环协调一致。第三次，在树林的自创游戏中，艾莉娅让玉环跑在前面，站在胜利者的位置，使玉环获得了主人翁般的风采。这两个小孩之间的这种沟通与尝试行为表明艾莉娅愿意冒这些风险来打消玉环的不安与防备，获得玉环的信任，最后玉环快乐地与艾莉娅在一起。这两个小孩建立起了一种情感安全感，建立起了一种信任的关系。一旦彼此是信任的，不设防的，那就是安全的，最后她们愉快合作，玉环也以爱回报艾莉娅。因此，同样的，在师生关系重建中，如果教师先迈出第一步，担当一定的风险，多与学生沟通，让学生成为学习的主人，参与到课堂中，主动学习，师生也是可以建立起信任关系的。

中国当下的教育创新需要教师适当担当风险，主动发挥创造力。教师要注意与学生的情感交流，尊重学生的主人翁地位。也要让学生与知识和技能建立联系，建立学生对教师教育能力的信任。一是教师需要重新建立对学习的认识与理解。如果教师自己都没有思想或技能，如何让学生学习这些内容呢？如果教师自己对工作都没感情，如何让学生对学习产生感情，成为学习的主人呢？教师自己的学习以及建立对学习的正确认识和理解是必要的。基于正确的学习认识，教师就不能只是灌输知识，而不顾学生的感受与需求。近年来的学校教学与课程学习严重脱离学生生活，学习狭隘到教材与教室，目标只是为了考试，教学活动成了严格完成设计好的课程，这是严重的教育误区。从艾莉娅与玉环的故事中，我们发现没有严格设计的课堂学习可能比有严格教学计划的课堂学习更能开发孩子的积极性与创造力。前面最有创造性表现的杰森老师的创造性课堂也说明了这个道理。有人说儿童教育中，课堂就是游戏，玩具就是最好的教材（刘维隽，2011）。有玩具的时候，教师可以把自己的想法与学生进行交流。玩具的作用在艾莉娅与玉环的沟通中也显得非常重要。比如，在玩那个小火车头时，当艾莉娅想与玉环一起玩，加入到玉环的火车玩具上时，玉环却走开了。这个活动至少让玉环体会到了一个信息，她至少知道艾莉娅想与她一起玩。后面的茶具也起到传达信息的作用，艾莉娅为了与玉环玩这个游戏，自己准备了茶具，喝茶时还专注地观察模仿玉环喝茶的样子，这又让玉环体会到艾莉娅没有威胁性，她是友好的。这样的玩具与游戏为玉环打消对艾莉娅的防备，建立彼此之间的信任关系起到了重要作用，否则，她们后来也就不会快乐相处和自由玩耍了。由此可见，玩具与游戏可以增加孩子们参与与投入的程度，帮助孩子们建立合作关系与情感联系，这是孩子之间，孩子与教师之间的教学媒介。而一般的教材也没什么问题，主要在于教师是否恰当地使用教材。如果教师不勤于思考或没有把孩子的认知特点认识清楚的话，就会出现简单使用教材的现象，学生只能是被动地接受教材知识。这使孩子失去了更好的学习体验与学习兴趣。

沟通可以提升人们的教育认识，比传统的教育关系更能提高参与度与积极性。在教室环境里，沟通不仅需要双方都有存在感，而且需要师生倾听彼此的声音，在注意彼此的身体语言中建立情感的联系。而教材有时候则是会阻碍课堂沟通的。当人们只盯着教材时，就不注意倾听彼此的理解，观察彼此的神态，因此会减少沟通的机会。教材的价值在于课堂外也可以读，它是基础的学习材料；而课堂的价值主要表现在大家参与讨论，相互沟通，为进一步理解与创造性学习打下基础。

在教室里建立真实有效的沟通是教育里课堂教学的必要与创新。这个创新与所有的创新一样都有风险。但是，风险也意味着大的回报。本土教育里最大的风险就是如何想办法重建教育安全感，思考建立这个安全感的路径是什么。这种新安全感的建立会收获师生共建学习与学生成为学习主人的教育成功。就像玉环离开信任与能给她安全感的爸爸，与艾莉娅一起相处的情形一样，在艾莉娅的努力下，玉环获得了安全感与信任感，并获得了快乐与有意义的相处。这与她们之间的成功沟通与安全感的建立是分不开的。

本土教育创新的风险担当在于教育要放下历史包袱，重建教师的教育权威。这种新的权威就是教师的专业素质，在这当中，教师的沟通能力显得尤为重要。因为沟通是可以发展师生情感的路径，这个路径是通往有意义学习或愉快学习的教育成功的基本保障。沟通是基于文字与身体语言的信息交流，教育环境下，师生之间的沟通包括情感与认知的双向交流。这与传统的非沟通式的教育模式很不一样。比如，教师讲课本与学生听的灌输式教育模式里，只有教师向学生发出信息，这种单向信息传输中还主要是知识信息，很少有情感信息（比如爱的信息）。学生接受信息，主要是书本知识信息。要改变这样的教育方式，需要教师学习现代化专业知识与教育理念，虽然不一定所有的教师都会与学生沟通思想，但是与学生一起质疑或应用所学知识是必要的。这也需要一种顺畅的沟通机制。

教育安全感是个社会问题，更是一个国家的大问题。目前我国教育普遍存在不安全感以及信任危机。这也是我们前面提到的教育工业化以后造成教育失去人文性的表现。这些问题与教育缺乏情感与认知沟通直接相关，它需要教育各方通过沟通与探索来建立信任关系。我国目前选拔性的教育体制使得人们没有耐心与孩子一起慢慢学习或成长，大家都为一级级的考试而学习。虽然所有教育都存在考试，但现在的考试越来越成为学生、教师和家长没有安全感的来源。打个比方说，现在的教育体制的各级考试就像跨栏赛跑一样，一步步选拔，为孩子的进阶学习设置障碍。从幼儿园到小学是一道障碍赛，从小学到初中又是一道障碍，从初中到高中，栅栏又出现了，高中到大学又是一道大栅栏。我们总是希望孩子一栏一栏都能顺利过去，如果没有过去，那大家就都缺乏安全感了，尤其是如果孩子没有进入重点高中，家长就会担忧孩子以后不能读好大学。如果没考上好大学，不安全感就更强烈。这样的教育在孩子心目中会埋下很多的焦虑或失败感，会让人失去安全感。

人与人之间的和谐关系，正如故事中的那两个小孩子一样，实际上就是安全信任感的问题，有了安全感，才有信任关系，有了信任关系很多事情都美好了。这种安全感和信任关系是我们的教育需要反思的问题。在教育全球化的今天，我国教育需要重建文化机制，不能继续玩竞争赛跑，而是要玩公平参与的游戏，不要为我们的孩子设置障碍，要为他们打开教育的门路。他们不参与前进，国家就没有未来。这是一个非常简单的道理。

这需要大家一起努力建立教育安全感，建立新的沟通机制与教育文化。中国目前各方面都在高速发展中，如果教育保守，其实会失去很多发展的机会。一个发展中的国家，机会是最重要的。谁先前进一步，走出保守，谁就可能先进入新的境界，创造新的局面。教育中也是如此。教育行政官员要走近教育者与受教育者，与他们一起活动与沟通，当下的教育环境需要建立友好安全的关系与相互信任的关系，这样国家教育政策才能执行下去，官员讲的话，人们才会听。教育管理者与教师、学生在畅通的沟通机制中，才会懂得彼此的想法，这样才会讨论和找到解决教育问题的办法。否则，教育政策就只是制定政策的官员的事，与教育实践当事人没有关系。我们的教育政策要让教育者与被教育者有主人翁意识与主动性，让他们真正成为国家的主人。

这需要我们不断学习，应有教育冒险的精神。教育改革需要那些先迈出第一步的人。改革如果一味地保守，最后就会失去发展的机会而显得落后。一个中学老师曾在一个教师培训课程里讲了一个这样的事例。他说前几年，他们学校高一来了一批新生，他班里有一个女生很厉害，在初中的时候就开始写小说了，还被柴静采访过。柴静对这个女生评价很高，说她将来能得诺贝尔文学奖。这个女生在初中的时候就自己拉赞助拍电影。她也很有能力，如果学校里有什么事情没有处理好，她就直接找校长，校长不解决，就找教育局领导，市长也找过的。校长觉得这个学生太厉害了，所以想办法把她转到别的学校去了。这位教师开玩笑说，那他班里就少了一个得诺贝尔文学奖的学生了。不管这个学生将来是否得奖，这件事让我们看到，学校的落后保守是会有所失的。

不管是在中学还是教育局，大家可以看见，有两种风格的人出现在大家面前，一种是保守落后，一种是引领进取。进取的人看到发展的资源与很多的机会，总是安排你来做这件事，他来做那件事，大家都动起来。还有一种是保守的，怕这个人参与到这件事，怕那个人知道那件事。其实，教师们可以看远点，你不仅要看现在学校的状态怎么样，还要看社会其他领域，还要把教育放在历史的环境下来看。地球是圆的还是平的，经历了一千多年最后才弄清楚，科学也可以证明这些的。最后我们到底是相信什么呢？我们应该相信科学，科学让我们去探究事物的本质，同时，学会从根本上解决大难题，我们也要相信自己。就像我的一个教育硕士在职研究生徐老师一样，当她去向学校领导办手续参加教育硕士进修学习时，学校里有人说，你这个文凭拿到了学校也不给你加工资。但徐老师还是决定要去学习，她觉得她自己需要学习了，她因此就进步了，这是最重要、最根本的。我们现在的教学，用简单的方法来分析就能分析清楚。任何事物之间都有一定的关系，这个关系结构对事物本身影响很大。比如，落后的生产关系，决定了生产方式就是高消耗低创造，会造成不可持续的发展，这样的生产模式只能是随着自然资源的减少而逐渐失去生存空间。对于教育而言，改善有感情障碍的教育关系，就是建立新的教育资源的渠道，不能把教育当成一次性喝水的纸杯一样，只用一次，拿到文凭就把学习给扔了。教育要保持可持续发展，这就需要教育创新，需要大家都要走出自己的防线去信任自己的教师与学生，或者是更进一步去学习。

中国近几十年的教育受它的工业经济发展模式影响太多，没有用培养人的教育模式来设计，而是把教育办得跟体育竞赛与商业竞争一样，里面充满了速度与数量的比拼。国家要在新的时代里通过教育获得创造力的话，应该在建立新的教育沟通关系中发挥沟通领导力的作用。不能再用传统的权威和集权的方式，把教育体制设计成等级制，比如，把大学设计成部属，省属或市属，就连学科都分为一级、二级、三级。国家要把教育搞好，把学校办好，就要让孩子根据自己的兴趣与能力上自己喜欢的学校。大家心态平静下来，才有余力思考人生意义与创新知识，就有机会获得新的力量与生命感。用一味的竞争来做教育选拔，不容易发展创造力，也不容易让人们获得成功的满足，教育竞争就像马拉松跑步一样，最后赢的只有一个。我们的教育就是这样，不小心让很多人产生挫败感，失去安全感，这不是教育的最佳结果。顶层设计需要用新的博弈理论设计出这样的一种教育生态并获得最佳的教育结果：参与学习的人多，坚持终身学习的人多，感受到成功的人多。这样的模式才会有皆大欢喜的结果。这可以整体提高国民素质，国家创造力才会增强。因此，教育需要这样一种双赢与多赢的模式设计，这样人们才会彼此信任，有更多的互动沟通，这样才会产生现代化的教育关系与文化。

第七章

主动性与创造力

本书的第一章，我在论证传统文化与国家创造力危机的关系中提出，教育是一个国家创造力的摇篮，发展教育就是发展新的生产力。发展创造力既是个人存在安全与自我认同的需要，也是化解国家创造力危机问题的需要。然而，发展创造力需要传统文化发展出能同时促进个人与国家共同进步的现代化的价值观念与社会关系。通过中间五章，我分析了有创造性表现的儿童行为，家长育儿与幼儿园教学活动，发现有情感而开放的教育关系是孩子形成主人翁意识与自我认同的基础，这也是孩子创造性表现的源泉。在此研究的基础上，我提出教育各方可以在沟通的基础上，发展基于孩子存在感与自我认同的信任关系，这是发展孩子创造力的基本路径。因此，要发展孩子的创造力，就需要我们的社会和教育重视孩子的独立思考能力，培养孩子的主人翁意识等现代化的教育价值观念。这样的教育理念可以帮助产生新的教育方式来联系教育当事的各方，产生有信任基础的教育关系，发展出有创造力的人，这样才能逐步化解国家创造力危机的问题。

这一章，我以教育为例来分析，以新的教育价值观建立起来的有创造性的教育关系有什么特点，或者说，到底什么样的生产关系才是能促进创造力发展的新的生产关系？

之前，我们通过研究已清楚表明，教育需要与孩子沟通，在有情感关系的基础上建立有意义的创造性的学习，发展孩子的主动思考力、观察力与想象力，增加孩子的存在感与主人翁意识，维护孩子的好奇心，开启孩子的创造源泉。这样的教育关系特点，可以试着从那些已经有一定创造力表现的人与事中去寻找与确认。

我们的研究项目"学前儿童语言交际能力发展与创造力开发"可以为我们提供一个基本视角。我们能从这个研究中发现，在我国的教育实践中，逐渐出现了什么样的新的教育关系，比如，孩子与教师以及家长的关系里，哪些是传统的关系里没有的元素？本书的2～6章就是从这个研究采集的基本数据来写成的。我们再以三个有创造性表现的事件来看其中的师生关系。

第一个小事件数据记录如下。

一个孩子过来找老师说："老师，他占了我的位置。"

老师："你自己去对他说，告诉他，他占了你的位置，请他让一下。"

当时，我把这个事件标识为：教师没有轻易介入孩子可以自己解决的问题；也可以理解为教师为孩子创造了自己解决问题的机会；或孩子遇到了问题，在寻找解决的办法。不是每个孩子都会主动去寻找帮助解决问题的。比如，我接触过的一个小孩的例子。这不是我在调研的幼儿园里发现的，而是在一个国际会议上与一个小孩开的一个小玩笑。在一个会议中，有个教师带着一个小孩一起来开会，6 岁左右。大人在讨论的时候，这个小孩就坐在我旁边画画，另一边是她妈妈。她画了几张画，都放在桌上。我趁她不注意时，把她的画藏起来了一张。这个小女孩画着画着，不知道什么原因，她的画少了一张，她自己也觉察到了，张望了一下，可能在想她的画到哪里去了呢。她妈妈也在旁边。但是她没问妈妈，也没有跟妈妈说，也没问我她的画到哪儿去了。这个问题就这样不了了之了。后来，趁她不注意，我把她的画放回去了。因此，我觉得我们研究中的那小孩，他的座位被其他小朋友占了，他能够去想办法解决，他的表现还是很主动、很积极的。

第二个涉及师生"有创造性表现的关键事件"，记录如下。

老师：（活动结束老师收拾玩具时）"谁来帮忙，佳佳来帮忙。"

佳佳："大家一起来帮忙。"

老师："好的，大家一起帮忙。"

（孩子们都一起来收拾玩具，整理活动场地）

我们把这个事件标识为：教师邀请学生共同协作。这个小事件与上面一个小事件里，教师让一个孩子一起收拾玩具，而这个孩子继续号召大家一起来做这件事情一样，创造了教师与学生一起完成任务的景象。

第三个小事件是一堂"最有创造性表现"的教学课，即在第四章里详细分析过的杰森老师的课堂教学视频。

从这三个有创造性表现的小事件来看我们前后的分析，都可以看出其中的教师与学生都有创造性表现，具有良好的创造潜力。其中，杰森老师的课创造了孩子们的创造高峰体验，即出现了师生长时间共同创作，而且有大量创作内容的愉快景象。这些都反映出师生相互接近与相互支持的关系。比如，第一个小事件中，孩子主动找教师帮助解决问题；第二个事件中，教师主动邀请孩子收拾玩具；第三个事件中，在杰森老师把教室里其他老师当歌词唱的引导下，有学生自己主动起来唱出自己创作的歌词，把杰森老师唱进歌词，这些小事件表明教师是可接近的，只要教师主动地接近学生，引发学生创造，学生就能够主动自然地与教师一起学习。

以上引发有创造性表现的师生活动、加上子涵故事里的亲子关系以及艾莉娅与玉环的同伴关系都有一个共同特点，就是家长、孩子与教师都有主动性。主动性是这种关系的共同特点。家长、教师或孩子的这种主动性使得他们不固守各自的位置，能向彼此靠近，这就产生了把自己放在对方位置的力量。这种交流交换位置的自发行动，使人们能站在对方的角度看世界，感受他们的处境，这样的经历丰富了人们的视角，增加了人们的交流与感受，增强了人们的情感。用术语说，就是发展了人们的情商。在这样的关系中，教师有可能出现在孩子的位置，比如，第二个事件中，老师像叫自己老朋友一样叫佳佳帮忙，佳佳就像小老师一样请其他孩子帮忙收拾教室，这时候佳佳也进入了老师的位置。同样的，杰森的课堂里，孩子与杰森像老朋友一样打招呼："你好，杰森。"课堂中，孩子出现了在教师的创新高度基础上，接力老师创造的情况。而在子涵与其父母的互动中，子涵妈妈在考试前，在子涵面前，表现出了孩子般的需要支持，来到了子涵的位置，而子涵为妈妈考试加油时，也进入到了一个与妈妈一样的成人位置。这种出现在彼此位置上的师生与亲子互动，形成了一种颠覆传统关系的换位现象，产生了改变传统"师道尊严"与家长制中"父权"等传统权力权威的力量，这种力量就是创造力。它实际上就是人们常说的换位思考和改变固有人际关系模式后产生的一种新的关系现象与生产力。在这样的力量支配下，孩子就有自己解决问题或关心他人的主动性，有号召他人参与的力量以及引领创作的自发行为。这样的关系中，尤其在其中家长与教师的引导下，孩子就产生了很大的创造性的参与行为和创造性表现。

在改变传统的人际关系位置时就产生了促进人们有创造性表现的创造力。而这种创造力也源于教师的创造力与家长的爱，正是教师的创造力与源自父母的情感引起了孩子主动参与的行动，由此产生了积极与愉悦的体验。在改变传统的人际关系时，教师与父母让孩子进入了他们的位置，这种源于教师与家长的力量改变了孩子的常规位置，当孩子进入到教师与家长的位置，并做出了教师与家长通常才做的事情时，孩子在履行老师与家长的权力中，他们才表现出了创造力。这样的一种关系转换就可以说是一种创新领导力或创造力孵化环境。

而改变传统关系需要关系双方的认可与深层的感情基础。比如，佳佳的老师邀请佳佳时就是认可佳佳的主人翁地位，而佳佳就进入到老师的位置而接力邀请其他孩子参与，当杰森老师的学生出现在教师的位置接力创造歌词时，杰森老师的认可是允许、悦纳与支持孩子的自发行为。而子涵像主人一样祝福妈妈和在幼儿园关注新事物的表现也是以感情为基础的，玉环之所以能站在胜利的高处也是艾莉娅想让玉环高兴的爱心促成的。这些关系中双方互换位置的悦纳与许可就是孩子们主动表现的原始力量，双方相互作用的主动力量改变了传统的关系位置，形成了创造力。

由此可见，创造力不是传统等级与权威关系中产生的压力、排挤或抑制。压力不一定是动力，因为一般的压力都来自外部，产生不了源于内部的主动力。传统的思维常错误地把压力看成动力，这两者不能总是混为一谈。传统的上下级别关系容易产生压力，而不是创造力。而真正的领导力，它偶尔会给被领导的人推动力（push）让孩子做事情，有时又给人引力（pull）让孩子能在不同角度与位置做事情。明显的领导力都是让他人有力工作，而不是不能工作。一个好的教师，他的创造力表现在他不是把压力带给学生，而是给学生主动力，使学生有创造性的表现。我们从研究有创造性表现事件中，发现的是一种在创造中快乐学习的高峰景象。我们不敢说所有的学习都是快乐的，但是，我们相信创造性的学习与创作是可以让人快乐的，一定是愉快的体验与经历。

创造性学习中的主动性不是以物质为目的，也不是以物质利益为基础。在所有这些创造性表现事件中，我们没有看到任何的物质利诱或物质利益关系。有创造性表现中的孩子与教师，孩子与家长的关系都是非物质关系，这种关系的非物质特性说明这样的关系是一种软性关系，其纽带是主动性，基础是情感。在师生关系中，孩子或教师主动的结果是互换了位置而创造出了共同学习与创作的景象。当孩子主动时，他就能做教师与家长才做的事情，来到教师与家长的位置，扮演教师与家长的角色，这是生成孩子创造性的力量与行为。比如，上述事件中的佳佳，在教师的引导下，在号召其他孩子一起收拾玩具时，她就起到了教师的作用，做了教师做的事情，这就是她创造力的表现。杰森老师事件中的孩子，那个自发冒出那句"Do you know Jason Laoshi？"的孩子，他自发做了前面杰森老师一直在做的事情，也是这课堂从教师带领创新，到学生自发创新的转折点，这引领了学生们自主创新的局面。子涵主动鼓励妈妈时就确认了他自己的主人翁地位。当教师与家长走出自己的位置与孩子在一起，或让孩子进入自己的位置时，教师其实是开启了创造性表现，也让孩子产生了创造力。同样的，当父母允许孩子真实表达感情，向孩子表示感情需要时就认可了他存在的价值与主人翁地位。这些教师与家长都很善于把自己放到孩子的位置，让孩子在自己的位置，形成新的关系位置，让孩子发挥他们的主动性。学校课堂上，当教师提出问题能让学生多思考与多发言时，或学生主动发言时，这种课堂的教师与学生发挥创造力的可能性就大。但并不是只要学生占的课堂时间越多，学生创造性就越大。比如，课堂上，学生一味重复课本或教师的话，没有提出自己的想法，表达自己的思想，创造自己的作品，那这样的课堂也是没有创造力的。因此，教师的创造力其实也是一种领导力，这种领导力能让他人发挥创造力。

新的关系的产生是在改变传统的人际关系位置时进行的，这需要其中一方主动邀请或允许另一方进入到自己位置的主动性。在这当中，邀请与允许的基础是情感，这个基于情感的主动性就是通向创造力与快乐学习的纽带。当师生与父母关系的双方都没有主动性时，他们之间就不会发生任何关系。当一方有主动性，另一方没反应或不合作时，也不产生关系，只有当一方有主动性，另一方有反应与回应时，他们之间才能发生关系。就像第六章中的那两个小孩，艾莉娅与玉环的关系一样。开始，艾莉娅主动与玉环接近，玉环却闪开不理。这样，艾莉娅就不容易与玉环产生伙伴关系；但艾莉娅没有放弃，继续努力主动与玉环接近，她们才渐渐产生较为信任的关系；尤其在游戏中，当艾莉娅把胜利的高位让给玉环时，她表现出来的创造力与领导力，使双方达成了最好最快乐的合作伙伴关系。由此可知，要想让孩子产生最大的创造力，就需要常把他们放在教师与父母的位置，通过与孩子"交换位置"这种行为方式，使关系各方面通过在彼此位置的经历，熟悉彼此的视角与立场，了解不同的层面与领域，从而产生新的思维方式或视角体验，在沟通中各方才懂得彼此的需求，产生相互理解与支持的行动，这些双向互动与相互体验就孵化出新的行动力与创造力，产生有创新价值的语言行为、思维方式、产品或作品。

在改变传统的人际关系位置或生产新的位置关系时伴随的主动性中，如果各方主动性都强的话，创造力就最大。这在家长与孩子的关系，家长与学校的关系，教师与校长的关系，学校与教育行政部门的关系，以及其他关系中都一样，主动的一方是创造力发生的主要引领者或领导者，并带动另一方的主动性的产生。比如，从第三章的子涵父母与学校之间的家校通手册的沟通情况我们就可以看出，子涵的家庭与学校的沟通双方都有主动性，这样就出现了不断的沟通。学校的主动性表现在它设立了家校手册，搭建了一个与孩子父母进行书面沟通的纽带。通过这个纽带，子涵的父母了解到子涵在幼儿园的学习情况，知道如何配合教师在学校的活动。幼儿园里的教师通过子涵父母的留言，适当了解子涵在幼儿园以外以及在家里的生活情况，这既便于教师对子涵的了解，也便于家长清楚孩子的成长变化。因此，学校和家庭的这种互动沟通为子涵的成长环境建立了良好的情感空间。我们在幼儿园"有创造性表现关键事件"中，发现子涵是有创造性表现的为数不多的孩子之一。他的突出表现不是无缘无故的，也肯定不是因为偶然因素，一个五岁的孩子敢于主动与一个陌生人打招呼，并且能够积极关注新事物，这与其周围环境的主动沟通，比如家长与教师沟通以及师生沟通建立的安全情感环境是分不开的，这些使他在学校也有在家里一样的安全感与主人翁意识。子涵表现出了我们希望孩子有的好奇心与观察力。这样的教育关系下产生的好奇心是孩子的创造力基础。

我们可以看见，新的教育关系，可以说，能滋生创造力的新的生产关系，除了具有明显的主动性外，另一个特点就是零物质惩奖。这种主动性不是源于物质奖励，或为了免于惩罚恐惧的一种人性，而是源于感情基础的主人翁意识。我们从研究中可以看到，表现出明显主人翁气质的子涵以及艾莉娅，还有杰森课堂开启创造的学生，他们都能主动关心他人，积极沟通与接力创作，表现出明显的主人翁意识，这使他们能创造出安全与信任的关系和表现出明显的创造力。主人翁意识强的人，一般主动性最强，创造力也最大。应该说，这是一般的物质奖惩不能左右的，这与一般的物质刺激也没什么关系。如我们前面所说，它的源泉是感情，爱的信息以及愉悦的伙伴关系，这些力量把他们推到了主人翁的位置，使他们获得了基于这些情感基础的主动表现，才使他们有创造力。因此，发展基于情感基础的主人翁意识才能开启一个人的创造源泉，这也是发展国家创造力的源泉。从常理来说，有主人翁意识的人存在感较强，情感安全感也最强。而有安全感的人才敢于冒险，对新的事物感兴趣，愿意为新的想法和不能预知的结果承担一定的风险，不断尝试，直到达到自己与他人都理想的结果。当一个人不断努力，不是为了获得物质奖励，而是为了实现自己作为人的存在价值，这样的人才是有冒险精神的人，也是有安全感的人，能承担一定风险。因为主动就是一种敢于担当风险的冒险精神，这是实现自我价值和想与他人沟通之人的最大特点。这是通向原始创新的起点，是开启创造力的源泉。能保障人产生与发展主动性与创造力的机制是情感纽带。儿童教育中，家长与教师主动爱护与关心孩子，尊重孩子的认知特点，慢慢陪伴孩子成长，让他们积极参与活动与生活等，这些都是孩子产生主动性的社会关系与良好的环境。

因此，无论是在教育环境下，还是在其他各行各业中，用新的生产关系视角来看，如果校长对教师，教师对学生经常打击、惩罚、压抑与控制学生的想法或行为的话，可以说，这是一种非常没有创造力的权威。这不仅会抹杀教师或学生的主动性，而且使他们有恐惧心理。如果这种行为持续发生，就会造成严重的存在安全感，不敢说自己想说的话，也不敢做自己认为对的事，或无法让人实现自我价值，这就抹杀了人的创造力。这样，学校开会或上课时，就没人敢发言讲话了，彼此之间没有沟通了。在这样的权威下，学习的学生或工作的教师会认为最安全的办法就是人云亦云，或根本就不说话。在不安、防御与恐惧中，盲目模仿与愚蠢崇拜权威就会占据人们的全部心理，真正的学习会被抛诸脑后，他们不会质疑与发展权威知识与理论，不能实现自我认同，也缺乏创造力，甚至会嘲讽与打压那些有改变意识与创新理念的人。传统关系权威下，想实现自我价值的人不多，因为他们没有主人翁意识与责任。

美国著名的心理学家马斯洛认为那些实现自我价值的人都有创造力。创造力是积极主动的人性的最高表现，是人实现自我价值的行动力。自我价值的实现过程是一个长期探索与努力的过程，这个过程中，人们要经历很多，比如要面对守旧人士的嘲笑、打击与阻拦等障碍，要承受不愿被落后文化同化的不安，以及要摆脱对嘲笑与打击的恐惧等。这样的人在这些经历中，从内心深处认可与接受自己，不被大众文化同化，学会接受真实的世界，一直达到自己理想的境界。这样，他们更自发地与自由地，而不是为奖励而创作，在获得深刻的自我认同的同时，也让他人感到存在的价值。随着不安的消失，他们不再抑制与伪装自己，他们不再害怕嘲笑与评价，而是敢于说出想法和发出疑问，就像杰森班上的孩子们一样，他们信任老师与支持自己的伙伴，产生了可持续的创造力，获得了愉快无忧的创造性体验。

物质奖惩对发展可持续创造力是没有意义的。从子涵父母培养出有创造性表现的孩子的案例，以及其他几章的案例来看，都没有发现明显的物质奖惩行为。由此可见，孩子的创造力不是物质奖惩激励出来的，因为创造力的本质也是非物质的。创造力是以情感为基础的创造性关系下产生出来的力量，这种生产力可以创造出新的技术与知识，而新的技术与知识可以创造新的物质产品与社会关系。创造力的非物质性表明它是一种情感与精神的产物，也是一种人性的表现。因此，国家当下如果要发展创造力，不能单纯以物质的方式来进行，就像孩子的创造力是情感纽带为线索的主动性一样，是孩子要证明自己存在的需要，是实现自我认同的内在需要和与他人沟通的社会需要。要通过教育发展有原创力的人，借以改变生产技术，生产更多的创新产品，国家不能在感到没有技术与好产品的时候，依靠国外，直接向发达国家去买技术和产品，或简单模仿，这对发展国家原创力没好处。可以通过跨文化交流，向发达国家学习先进技术与科学知识，来生产创造新产品。另外，也不能直接花很多钱给那些"卓越"科学家，希望他们来发展科学知识与创新知识。没有主人翁意识或社会责任感的人，是不会有很大创造力的。没有创造力的人拿着国家的钱只能造成浪费，结果硬件是有了，但是，教师与学生在教室里仍然缺乏真诚沟通，学习还是背书和考试，发展不出新思想与新知识。这让我们认识到，创造力的不足实际上是人与人之间的情感力量不足、人们的主动性较差造成的，而不是硬件设备的问题。只有现代化的教育建筑与落后的观念，而没有现代化的生产关系或价值观，也无法产生使教育进步的创造或领导力量。人若无力，无论学校占地面积多大，楼房多高，计算机多少台，都不能发展出新的生产力和创造力。那么，在硬件设备基本齐全的情况下创造力还是不足的情形说明，创造力本身还有它不为人知的一面，有待我们去认识。原因很简单，如上面所说，思想与创造力是人性中的主动性与各种良好情感基础上的沟通发展起来的领导力，是人们在高度自我接受与认同的基础上，超越了恐惧与落后势力的打击后，感到了主人翁责任和发展社会的使命后才有的力量，这些都是非物质的软实力。物质奖励与惩罚往往收效甚微。我国本土文学家、诺贝尔奖获得者莫言获得诺贝尔奖前，国家没给他什么基金与奖励，也没有什么科研任务与压力，是他自发的创作才得到了国际认可。

当物质奖励与惩罚过度时，就会影响各种关系，比如，教师与学校、学生与学生、公司领导与职员等关系，就会把这些关系物质化与数量化。为了获取这些物质与更多物质，人与人之间就形成了竞争与攀比的关系。比如，学校的科研经费申请，学校的职称评定等，这些评去评来都在算数，几篇权威期刊论文，几篇 SSCI 论文，还有就是几本书多少万字，大家为了那点资金或奖励，花很多宝贵时间去申请，还有的人为此弄虚作假，偷袭同伴或别人的思想。国家应该主动关心学者，重视教育，尊重他们的科研自由，国家可以通过"阳光普照"或"随主流"的方式让每个人都有基本的资金保障，进行基本的科研运作，发挥大家的主动性。这才是符合社会主义社会发展的先进领导力。这样才有助于科学研究的发展，创造力不是靠物质孵化出来的。

发展新的生产关系就要改变传统旧的生产关系秩序。我们从新的儿童教育关系的产生可以看出，教育的改变主要还是把孩子的位置，从传统等级关系的最底层提高到父母与教师的位置上，甚至更高的位置。如我们上面论证的创造性的"位置交换"所示。这种关系的形成是建立在新的价值体系基础上的，比如与孩子沟通情感，增加孩子的存在感与主人翁意识，或与孩子建立合作伙伴关系等。当孩子进入新的关系位置时，就能产生综合感知的效应。让一个人进入另一个人的世界进行全方位的感知，这是丰富人们情感与认知最有效的办法。当语言不通时，"交换位置"就更重要。艾莉娅把位置让给玉环的行为中，给了我们一些启示。艾莉娅有领导力与爱的情感，她让比自己小的玉环赢得游戏而站在高处；玉环也没有因为被站在"高位"而骄傲不理艾莉娅，而是学会信任艾莉娅并给艾莉娅爱的回馈。我们的文化需要把孩子放在重要一点的位置，但是却不能宠坏他们，需把握好这个度。通常宠坏孩子的是过度奖惩或错误的奖惩行为。比如，当一个家长惩罚了努力学习有爱心的孩子，而奖励了不爱学习或没情感的孩子时，这样家长就同时破坏了两个孩子的创造力，就像国家如果奖励了没有创造力的学者，即使得了奖他也不会有创造力，因为创造力是基于主人翁责任感与情感的，而不是物质奖励出来的。因此，不恰当的惩罚与奖励其实是社会不正之风的根源，当好的人受罚或打压，小心谨慎，久而久之就会失去安全感；而没有创造力的人如果频频得奖，反而会得利嚣张，浪费资源。所以，家长如果要惩罚奖励的话，一定要有判断力。家长与教师，都尽量不要犯常识性的错误，比如，一见要说话的孩子，就不耐烦地说"快快说，我有事"。而是要静下心来好好听孩子到底想说什么，小孩子的事也是大事。

把孩子放在新的关系位置，主要是为了把孩子放在重要的地方让他们直接与父母、教师沟通对话，建立孩子的存在感，让他们有一种主人翁意识，这才是孩子体验创造性学习，获得创造活动带来的幸福感，拥有安全与值得信任的关系环境。这样他们才会爱学习，才能发展出创造力。而且，当孩子与父母和教师在同一关系层面时，父母与教师不仅能直接与孩子对话，学习并懂得彼此的话语，产生亲密的感情，建立愉快的合作关系，而且他们还可以从不同角度观察孩子，尊重孩子的认知习惯，让他们乐于学习，能够从不同层面看世界，从而出现创造性的表现。比如，第五章提出的孩子识字阅读这些启蒙教育是孩子一生中一个特殊的学习阶段。维果茨基（2010）提出的儿童教育视角的重要性，他认为儿童教育是一种以成熟为基础的上层建筑。也就是说，孩子的发展是一步一步进行的，比如，在条件较好的母语环境里学习母语，听说、读写与创作都是在逐渐成熟程度上才能进行。而孩子在 5～6 岁开始学一门外语时，则是听、说、读、写同时进行。在现代社会中，这些启蒙的学习活动，就像孩子学吃饭、走路这些生命中最自然的成长一样，家长无法代替他去完成，因此家长不要着急，只要有科学的教育理念与方法，不随意惩罚，也不要过度奖励，他们就会主动学习与积极思考问题。孩子刚开始识字与写字，是一件令人欣慰的事。成人多数不记得自己学说话走路的情景，但是目睹自己孩子的这些生命活动，让我们也看见了自己的儿童时代。因此，我们要爱惜孩子的无知，尊重他们的脆弱，用科学办法帮助他们学习成长，不能因为孩子刚学走路，摔了一跤就去打他，不能因孩子写错一个字就罚他。孩子写字识字都是基本生活需要，不需要过多的奖惩，学校教育可以再生活化一点儿，孩子才会喜欢学校，才会热爱学习。

要发展一个人的创造力，或评价一个人是否有创造力，以及他们创造潜力的大小，我们还得认识创造力的特点。关于创造力，我们得承认它是一个有待发展的新概念。前面我们讲过，创造力不是传统等级与权威关系中产生的压力或抑制。第一章开始时，我们是从新生产力的角度来谈创造力。我们知道它不是传统制造型生产力，传统制造型生产力靠直接消耗自然资源的方式进行生产。而创造力是一种创造新知识理念与技术的新的生产力，它的生产方式不一样。其中原始创造，主要是一种从无到有的生产方式，或用科技增加已有的资源价值，而不是直接消耗资源。比如，简单直接的创造可以是主动说话，写歌或画画等，复杂的创造就是兴趣与情感激发出的科学与人文研究或科技发明等。生产方式可以用发明创造或创作来表示。以这种生产为主要生产方式的经济，就是人们常说的"创造型经济"或"知识经济"了。一般来说，创造型经济对传统资源，比如，矿石与石油，土壤和水等消耗比"制造型"经济要少得多，它能最大限度地保存与增加这些不可再生资源的价值。在地球有限的资源面前，创造出新资源显得尤为迫切。因此，创造力是关于个人与人类生存与发展的大事，是关系人类存亡的新的生产力或新的生命力。

　　如何知道一个人是否有创造力或创造力大小呢？我们的这个关于儿童创造力开发的项目提供了一些信息。首先，可以从人们已经用得较多的而又熟悉的话语来间接发现创造力，比如可以从我们前面提到的领导力、参与度等指标来判断。还可以从孩子的创造性表现来看：比如主动性，乐于沟通，爱心，关心国家与全球大事；能让更多的人参与有意义的学习活动或创作；善于设身处地感受他人的处境，不欺负弱者等。可以说，创造力是以这些情感为基础的软实力。

创造力其实是以情感关系为基础而其本身不是物质的一种新的生产力。换句话说，人的情感，比如人的主人翁意识、自我认同感或存在感，社会认识感等以及其他美感等，都能滋生出很大的创造欲望与创造潜力。无论是个人还是单位要想发展创造力的话，都要从情感方面着手。情感是一种人与人、人与世界之间的关系方式。只要人对人有感情，或人对世界有感情的话，都可以产生很大的力量。比如，当一个人爱他人、一个人爱世界与科学的话，这个人就会有主动性，这个主动性就是创造力的根本源泉。因此，各种情感本身虽然不是创造力，但它是创造力的基础。

创造力是非物质基础的，是人类特有的抽象思考力，不是通过眼球去找，而是需要我们去感知。我们要善于倾听那些"冲动的声音"（恩泽，2013）。比如，工作学习主动性强、积极性高的人，都是勤于思考、善于发问的人，他们不回避而是想解决现实问题，常常有一种看不下去而不得不说的冲动。比如，钱学森先生发现我们的教育体制没有创造力时，他发出了著名的"钱学森之问"，大家都听到了。前面提到的大学生发出的关于存在危机的哲学之问："我如何证明我是活着的"，也引起了我们对自我认同的重视。在我们的研究中，有创造性表现的孩子，也会通过自然而然发出的声音让我们知道创造力的表现是什么样的。比如，对陌生人发出"你是谁"问候的小孩子，接力老师的号召发出："大家一起来"收拾教室邀请的佳佳；杰森老师的课中，那个首先唱出："Do you know Jason Laoshi"的孩子。他们都是通过声音让我们听到了创造性的表现。发出这些"冲动声音"的个人，都是在他人鼓励与支持下，由衷发出了发自内心的声音。这些声音是他们主人翁意识的体现，传达了他们对环境和他人的关注，对新事物的关心，还有学以致用的即兴表现等。这样的"冲动声音"其实就是创造力的标识。学校、教师和家长对这样的声音要敏感而且要支持，不要打击。就像杰森老师，当他注意到这个孩子声音就是孩子接力创作的开始，他就细心呵护才引起了孩子们的参与，孩子们全部参与创作，生产出大量的新内容。

　　因此，教育或其他行业，无论是直接还是间接发展创造力，首先要建立安全而又信任的创造性生产关系。这种关系是以情感为基础，以主人翁意识为纽带的。这样的关系中各方才会主动邀请与允许彼此进入自己的位置，在交换位置中，完全而充分感知到对方的存在价值与力量，了解彼此的认知特点与表达方式，为此产生更多的理解与工作的灵感，说出不曾说过的话，发现不曾发现的知识，做成未曾做过的事而产生创造力。这样的关系是建立在不断的情感与认知沟通中，这种关系里的各方既尊重彼此的特点，又支持彼此的需要，既学习对方的优点，也能扬长补短，取得不断的进步，共建一种双赢或多赢的生态系统。这样，人与人，人与体制之间就构成了一个良性的循环，大家都能可持续安全而健康发展。

　　此外，要维护这样的生产关系和促进创造性的生产方式，我们还要用新的工具鼓励创造力或衡量创造性表现。这种新的生产力不能用旧的标准来衡量，需要从新的视角来认识。也许，我们的身边一直都不乏颇具创造力的人和事，只是我们没有用不同的眼光去看待而已。比如，对于本书中有创造性表现的事件，如果对创造性表现不敏感的话，就会听不出来，或注意不到。正如谚语所说，如果我们只有锤子做工具，那么，所有的问题都成了钉子。如果我们没有新的眼光，就看不见新的事物。我们经常听见大人说："你这小屁孩，知道啥，去去去。"还有人说："你又不是领导，这关你什么事。"我们需要用新的眼光去认识新的事物，更要用新的积极开放的心态接纳这些声音与事物。这个社会需要包容，创造力才有发展的空间。我国现代化的社会生产还处于开始阶段，把创造力作为一个目标来讨论与追求，是一个具有综合效应的工作。我们已经有一些创造性的理念了。我们这些年在学校里找到的创造性事件也慢慢多起来了。

也就是说，要发展新的生产力，除了要发展有上述特点的新的生产关系外，还要发展新的生产工具。方法不对产生不了真实的情感关系，真理性的科学知识，也创造不出先进的技术。人文学科需要适合人文学科的方法，我们不能过于用量化的方式来研究存在性的问题，比如自我价值的实现与否不能用数量来研究，生命有无意义的事情也不能用试卷与数字来做答。因为，这些问题的答案是有或无，其程度可以用强或弱、高或低、软或硬等标准来研究，不是多少的问题。创造力大就可以创造出较多的新知识理念与科学技术，但这只有在新的生产关系与现代价值体系中才能不断循环创新，有机进行。尤其是教育这种以人为主的活动，必须考虑人的自然属性，即人在不同的生命阶段有不同的特点。几岁的孩子刚学习书面文字时，可以说，他们是典型的视觉动物，一定要尊重他们直观的认知方式，教师与家长们应尽量多用实物与图片做教材，用生活原型做课程最好，这样全世界都是他们的课堂，为他们的抽象思考能力与想象力发展打下坚实的基础。但他们成人后，就不要把他们当成小孩子来教，学校如果不教他们思考人生与社会和掌握创造性技能，总是叫他们背诵考试，结果有些学生感到学习没有意义，就不容易有可持续发展的新动力与创造力。人的社会属性更决定了不能用非人性的方式来进行，也不能用竞争蛮干的方式，而需要沟通与交流的方式，在这方面，孩子有时比成人做得好。艾莉娅与玉环就比很多成年人做得好，我们不能与弱小的一方比高低，也不能用"虎妈"来培养"狼孩"，更不能用过于物质的方式来进行惩罚与奖励。我们要注意发展孩子的主动沟通与独立思考的习惯，让他们有存在感，使他们从内心深处爱自己与他人，感到生命的价值与意义，成为国家与地球的主人，产生创造力，有能力与理想让世界美好，使他人快乐。

参考文献

恩泽 . 2013. 实现人生价值［M］. 北京：中国社会出版社 .

列夫·维果茨基 . 2010. 语言与思维［M］. 李维，译 . 北京：北京大学出版社 .

刘维隽 . 2011. 站在孩子的高度［M］. 北京：作家出版社 .

路甬祥 . 2000. 规律与启示——从诺贝尔自然科学奖与 20 世纪重大科学成就看科技原始创新的规律［J］. 西安交通大学学报（社会科学版）20（4）：3-11.

马斯洛 . 2013. 人性能达到的境界［M］. 曹小慧，等，译 . 北京：世界知识出版社 .

米凯拉·格洛克勒，斯蒂芬·朗哈默，等 . 2013. 迈向健康的教育［M］. 邓丽君，廖玉仪，译 . 天津：天津教育出版社 .

赵宏琴 . 2015. 没有故事的佼佼者［M］. 北京：东方出版社 .

赵宏琴 . 2009. 发展关于教师的专业知识［M］. 杭州：浙江大学出版社 .

附录　杰森老师课堂视频转录第二部分

Jason: (playing piano and singing another song) Good afternoon everyone! Good afternoon, good afternoon, good afternoon, happy to see you. Good afternoon, good afternoon, good afternoon to you, mua!

杰森:（弹唱）大家下午好！下午好，下午好，下午好，很高兴看到你。下午好，下午好，对你说下午好，mua！

Kids: (singing and mua)

孩子们:（唱歌，飞吻）

Jason：下午好，下午好，下午好，Happy to see you. 下午好，下午好，下午好 to you, mua！

杰森:（中文）下午好，下午好，下午好，很高兴看到你。下午好，下午好，对你说下午好，mua！

Kids: (singing and mua)

孩子们:（唱歌，飞吻）

Jason: Yuki 好，Yuki 好，Yuki 好，Happy to see you. Yuki 好，Yuki

好，Yuki 好 to you，mua！

杰森：（中文）Yuki 好，Yuki 好，Yuki 好，很高兴看到你。Yuki 好，Yuki 好，对 Yuki 说好，mua！

Kids: (singing and mua to Yuki)

孩子们：（唱歌，对 Yuki 飞吻）

Jason: Anna 好，Anna 好，Anna 好，Happy to see you. Anna 好，Anna 好，Anna 好 to you mua！

杰森：安娜好，安娜好，很高兴看到你。安娜好，安娜好，对安娜说好，mua！

Kids: (singing and mua to Anna)

孩子们：（唱歌，给 Anna 飞吻）

Jason: Wait a minute. (to a kid) Baby 好，Baby 好，Baby 好，Happy to see you. Baby 好，Baby 好，Baby 好 to you，mua！

杰森：等下。（对其中一个小孩唱）贝贝好，贝贝好，贝贝好，很高兴看到你。贝贝好，贝贝好，对贝贝说好，mua！

Kids: (singing and mua to Baby)

孩子们：（唱歌，给贝贝飞吻）

Jason: Annie 好，Annie 好，Annie 好，Happy to see you. Annie 好，Annie 好，Annie 好 to you mua！ Haha！

杰森：安妮好，安妮好，安妮好，很高兴看到你。安妮好，安妮好，对安妮说好，mua！

Kids: (singing and mua to Annie)

孩子们：（唱歌，给安妮飞吻）

A girl: (saying something to Jason)

一个女孩：（对杰森说了些什么，听不清）

Jason: What？

杰森：什么？

Kid: Lucky Pop.

一个小孩：要做 Lucky pop。

Jason: (taking some cards) Today we're going to celebrate her birthday. Everybody sing Baby Blue.

杰森：（拿来一些卡片）今天我们要为她过生日。大家唱 Baby Blue。

A kid: I want to see the Hopping Pops.

一个小孩：我要看 Hopping pops。

Jason: You want Hopping Pops?

杰森：你要 Hopping pops？

Girl: (hopping)

女孩：（一步步朝前蹦）

Jason: Hop on pop, hop on pop!

杰森：跳啊跳，跳啊跳！

Jason: What's this? (showing them the cards)

杰森：这是什么？（给孩子们看卡片）

Kids: Sandwich, cherry, fish...

孩子们：三明治，樱桃，鱼……

Jason: Good.Yes, good! Very good!

杰森：好。对，好的！很好！

Kid: Headache. I have headache.

孩子：头痛，我头痛。

Jason: Well, I don't like headaches. Do you like headaches?

杰森：啊，我可不喜欢头痛。你喜欢头痛?

Kid 1: No no no no.

孩子 1：不不不不。

Jason: I don't like headaches.

杰森：我不喜欢头痛。

Kid 2: I have headache.

孩子 2：我头痛。

Jason: You have headache? Wait Joanna has a headache. (enchanting) Is that ok? ××, do you have headaches? No, I don't have headaches.

杰森：你头痛啦? 大家等等，乔安娜头痛了。（施咒语）好了没? 某某，你头痛? 不不，我不头痛。

Kid: Jason!

小孩：杰森！

Jason: What? What's wrong?

杰森：怎么了，什么事情啊?

Baby: I got an ache.

贝贝：我痛……

Jason: Oh, you have a stomachache. Baby has a stomachache. Do you have a stomachache?

杰森：啊，你肚子痛啊。贝贝肚子痛。你肚子痛是不是？

Baby: Oh yes.

贝贝：是啊。

Jason: (enchanting again) Yes are you ok?

杰森：（又开始施咒）现在好没？

Baby: (running towards Jason and hug him)

贝贝：（跑过去，给了杰森一个拥抱）

Jason: She says she is ok.Oh, Jason has a headache. (enchanting)

杰森：她说她好了。哦，杰森头痛啦。（施咒）

Jason: (clapping hands) All right! Sit down, everybody!

杰森：（拍手）好啦，大家都坐下！

Kids: (Jumping happily)

孩子们：（蹦蹦跳跳）

索 引

后 记

这本书的诞生得益于一个偶然的机会。几年前，杭州小世界幼教集团的创始人金秀萍女士的女儿与我的女儿上同一所中学，我们在孩子的学校相遇。由于对儿童教育的共同兴趣，我们一起开始了长达三年的研究合作。她把她刚成立的小世界国际幼儿园完全向我开放，使我有了一个专门研究学前儿童语言交际能力与开发儿童创造力的机会。这个合作为本书提供了丰富的实践基础与研究素材。在此我衷心感谢与金秀萍总园长多年毫无保留的合作关系。我们彼此间无条件的相互支持使我们双方都受益匪浅。同时，很感谢在研究过程中小世界幼教集团全体老师的积极参与，也感谢工作人员对本研究提供的大力支持。

我要感谢教育科学出版社，该社在教育基础理论方面的前沿开拓精神与敏锐专业视角使这本书保持了其原生态品质。我也非常感谢本书的责任编辑张璞。在本书的出版过程中，张璞专业明了的工作方式，她对本书提出的看法与质量要求，尤其是她为人着想的智慧，让我们建立了一种非常友好而又互相理解的合作伙伴关系。

出版人　所广一
责任编辑　张　璞
版式设计　壹原视觉　郝晓红
责任校对　张　珍　张晓雯
责任印制　叶小峰

图书在版编目（CIP）数据

主人翁意识：孩子的创造源泉 / 赵宏琴著 . —北
京：教育科学出版社，2016.3
ISBN 978-7-5191-0315-6

Ⅰ . ①主… Ⅱ . ①赵… Ⅲ . ①儿童教育—创造教育—
研究—中国 Ⅳ . ① G610

中国版本图书馆 CIP 数据核字（2016）第 016369 号

主人翁意识：孩子的创造源泉
ZHURENWENG YISHI: HAIZI DE CHUANGZAO YUANQUAN

出版发行	教育科学出版社		
社　　址	北京·朝阳区安慧北里安园甲 9 号	市场部电话	010-64989009
邮　　编	100101	编辑部电话	010-64981232
传　　真	010-64891796	网　　址	http://www.esph.com.cn
经　　销	各地新华书店		
制　　作	壹原视觉		
印　　刷	保定市中画美凯印刷有限公司		
开　　本	154 毫米 × 230 毫米　16 开	版　　次	2016 年 3 月第 1 版
印　　张	12.25	印　　次	2016 年 3 月第 1 次印刷
字　　数	125 千	定　　价	35.00 元

如有印装质量问题，请到所购图书销售部门联系调换。

北京市教育学会"十四五"教育科研课题——幼儿园"真生活"园本课程建构与实施研究成果

幼儿园微主题探究课程故事

高云　主编

农村读物出版社

中国农业出版社

北京